幼儿园生活融合课程

张爱芳　著

中国海洋大学出版社

·青岛·

图书在版编目（CIP）数据

幼儿园生活融合课程 / 张爱芳著. —青岛：中国海洋大学出版社，2023.9

ISBN 978-7-5670-3604-8

Ⅰ.①幼… Ⅱ.①张… Ⅲ.①生活教育—教学研究—学前教育 Ⅳ.① G613.3

中国国家版本馆 CIP 数据核字（2023）第 170108 号

幼儿园生活融合课程

YOUERYUAN SHENGHUO RONGHE KECHENG

出版发行	中国海洋大学出版社
社　　址	青岛市香港东路 23 号　　邮政编码　266071
网　　址	http://pub.ouc.edu.cn
出 版 人	刘文菁
责任编辑	张　华
印　　制	高密市现代印刷有限公司
版　　次	2023 年 9 月第 1 版
印　　次	2023 年 9 月第 1 次印刷
成品尺寸	185 mm × 260 mm
印　　张	11
字　　数	210 千
印　　数	1 ～ 1000
定　　价	52.00 元
订购电话	0532-82032573（传真）

发现印装质量问题，请致电 0536-2356908，由印刷厂负责调换。

序言

教育是什么？苏格拉底说，教育的本质是点燃、鼓舞和唤醒。杜威说，教育即生长，教育即生活。先哲们用一生追寻着教育的真谛。作为一名从教30多年的教育人，我同样在育人的道路上积极思考着"教育三问"：为谁培养人、培养什么样的人、怎样培养人。我曾经在高密市教科院的十年教研经历中，带领老师们实施了以真实的生活为载体的"五感学习法""双主－互动式教学""小学数学生活化课程"。学生回归生活时变得乐学、善学、会学，教师也获得了满满的专业幸福感。"教师幸福地教，学生快乐地学"成为课程的价值追求。进入机关幼儿园，全面接触学前教育后我发现，生活课程的根应该在这里——

生活是最好的教育。回想初到机关幼儿园时，我了解到老师们都认为加餐时间的任务只有"分饭"，感觉珍贵的生活育人资源和机会被保守、固化的思想所浪费。于是，我现场亲身示范，指着盘中的葡萄与小朋友一起讨论其颜色、形状、味道，让他们边数边拿，比比谁拿得多，再转身问旁边的老师："我上了一堂什么课？""辨形状、数数字、比多少，是数学课。""练说话，是语言课。""辨颜色、形状、味道，是科学课。"生活融合课程就是要多领域融合。老师们慢慢理解了"一日生活皆课程"的内涵，感悟到生活融合课程的价值。

纵观当下学前教育中存在的幼儿素质发展不均衡、家庭与学校教育脱节、教师专业能力不足、园本课程体系不健全等现象，《幼儿园教育指导纲要（试行）》《3—6岁儿童学习与发展指南》（以下简称《指南》）明确指出，健康、语言、社会、科学、艺术五领域的活动要与幼儿一日生活相结合，尊重幼儿的年龄特点，珍视生活和游戏的价值，生活是幼儿园课程的源头活水。

课程源于系统实践。生活融合课程的构建是我30多年教育理念与实践的智慧结晶。教育理论与实践经验的形成是一个长期的过程，早在研究小学教育的20多年里，我先后进行了十几项省、市各级课题的研究，逐步形成了"双主互动教学策略""自主调控教学策略""评价反馈教学策略""自主探究式生活化课程""生活化教学策略"，为幼儿园生活融合课程的研创奠定了理论和实践基础。基于在教科院分管幼教工作的需要，我多层面涉足这个领域，根据脑科学的研究成果，研究幼儿是如何学习的。正因为科学认识和把握幼儿成长规律，创新课程和教学，在机关幼儿园这片肥沃土壤里，生活融合课程得以落地、开花、结果。

课程是专业品牌。为打造机关幼儿园的专业品牌，我实施"专业做事，成就人人"的课程化管理，顶层设计课程体系，系统规划实施路径，引领教师专业赋能、幸福育人，带领全体教师开启"研课程、铸名师、塑品牌"之旅，每月开展一次专题培训和干部创新工作论坛，研读《指南》等，让教师做到"心中有目标、眼里有儿童"，认识到"一日生活皆课程"，主动在教学过程中创设真实的生活场域，注重一日环节的隐性教育价值，开发生活融合课程，做到全面、系统、全程育人，科学地幼小衔接。

让教育回归儿童。随着生活融合课程的不断实施，教师们的专业意识和能力逐步提升，他们时时观察、记录、解读幼儿行为，思考适合幼儿成长的游戏，和幼儿互动，掌握幼儿成长的规律，实践完善生活融合课程五领域体系：绘本融创课程、童趣探究课程、乐动艺美课程、会爱有我课程、动感健康课程。每期研课时，我把管理者、执教者召集在一起，把一个个真实的"镜头"展示给大家，让教师变成"局外观察者"，反思自己的课堂教学过程。例如，用一个中班孩子用匙子吃面条的"镜头"，引导教师思考，筷子是中国的传统工具，灵活使用筷子不仅能够提高幼儿的生活自理能力，还能增强他们的手部精细动作发展、身体协调能力、大脑思维能力，所以需要在进餐时教他们使用筷子，还需要以此为内容设计专题能力发展课程。随后，我指导教师实施了"巧用筷子夹糖豆"活动，幼儿的真实表现让全体教师都震惊了。一堂课让教师看到了生活教育的价值，看懂了幼儿需要怎样的成长跑道。

行动是专业成长。本书从课程理念、课程价值取向、课程建构路径、课程实施策略、五领域课程体系等方面，探讨幼儿园该如何构建与实施生活融合课程，实现理论与现实相结合，帮助教师和家长弥补生活育人实践中的不足，更新教育观念，更好地开展教育活动，发挥教育者的专业力量，唤醒儿童的潜力，使其幸福成长。本书的研究得到了山东省教育科学研究院张斌博士、山东师范大学何孔潮博士的倾心指导和大力帮助，在此向他们表示感谢！本书五领域周主题课程的落地实施，得益于五领域研究团队的共同实践。本书在编写过程得到了诸多教师的帮助，他们为完善本书贡献了自己的智慧，在此一并表示感谢！

因为笔者水平所限，本书难免存在不足。希望读者能够提出宝贵的建议，以便进一步改进与完善。

是为序。

张爱芳

2023年3月

目 录

第一章

生活融合课程构建背景

第一节　学前教育现状

近几年，党中央、国务院高度重视学前教育，习近平总书记在党的十九大报告中强调要"办好学前教育"，国家也先后出台了一系列政策文件，推动学前教育深化改革。2020年10月印发的《深化新时代教育评价改革总体方案》中指出，要树立科学成才观念；坚持以德为先、能力为重、全面发展，坚持面向人人、因材施教、知行合一。2022年2月印发的《幼儿园保育教育质量评估指南》中明确指出，要坚持儿童为本，尊重幼儿年龄特点和成长规律，注重幼儿发展的整体性和连续性，坚持保教结合，以游戏为基本活动，有效促进幼儿身心健康发展。要遵循幼儿身心发展规律和学前教育规律，尊重幼儿个体差异，坚持以游戏为基本活动，珍视生活和游戏的独特教育价值。

学前阶段是人一生发展的重要阶段，0~6岁幼儿的发展直接影响其未来的发展。而幼儿入园前因家长教育观念存在差异、家庭教育水平不一，导致幼儿发展存在许多问题。而幼儿教师队伍在一定程度上也存在保育教育观念落后，教学方法陈旧，专业能力不足，育人目标不明确，缺少系统的课程体系指导等问题。

一、幼儿发展存在"四弱"

通过对初入园幼儿的调查发现，幼儿发展不均衡，主要存在"四弱"问题。

体质弱：容易过敏，容易生病，运动量不足，运动能力不协调。

自理能力弱：动手能力不足，要人喂饭，不会穿衣，不能自我表达等。

适应能力弱：焦虑、哭闹，没有规则意识，不会沟通。

学习能力弱：多动，注意力分散，语言发展滞后，生活经验不足等。

二、家庭教育现状

幼儿"四弱"问题背后的原因，是家庭教育观念落后，家长过度包办、替代、限制。幼儿参与生活的权利被剥夺了，错失了自主成长的机会。另外，家长受到"提前起跑"等急功近利教育观念的影响，将幼儿送进各种兴趣班、辅导班，使死记硬背、机械刷题成了主要学习方式。幼儿自我意识被弱化，个性自主发展的机会被剥夺，缺乏生活体验和主动意识的培养。"提前起跑"、死记硬背、机械刷题这些急功近利的做法，像一座座大山，压得孩子透不过气来，失去生命的光彩。因这些做法违背学习认知规律和教学规律，幼儿丧失了游戏的机会，焦虑厌学，身心发展受到影响。幼儿教育迫切需要尊重幼儿、回归生活。

三、教师专业能力"四不足"

基于这些问题，要用专业课程体系的建设来破局，而日常教学过程中教师的课程意识、目标意识、资源意识、规律意识、评价意识弱化，导致教师育人能力存在"四不足"的问题，表现在以下几个方面。

① 课程目标不清晰，缺乏适宜性和精准性。

② 生活联系不密切，缺乏情境性与生活性。

③ 活动形式不丰富，缺乏操作性与游戏性。

④ 评价方式不科学，缺乏反馈性与过程性。

幼儿园教育活动以教师为中心，幼儿常常处于被动的状态；课程忽视幼儿的现实生活，过于在意文本和符号，忽视感性的经验；幼儿的活动枯燥、单一，缺乏生活体验和游戏性，活动设置没有趣味性；幼儿对生活的兴趣和需要没有被充分关注，幼儿的主动性、积极性没有得到充分调动。

四、园本课程体系不健全

园本课程体系没有系统规划，没有明确的育人目标，加上日常保教工作随意性强，活动过程碎片化，存在不重视生活教育价值、生活资源的整合和五大领域的融合以及集体教学方式偏小学化倾向，影响幼儿发展的整体性、持续性、全面性。

鉴于种种原因，教育要遵循幼儿身心发展规律就要回归幼儿生活，赋能教师成长，构建系统的园本课程体系，促进幼儿身心健康发展。

第二节　国内外研究概述

一、国内外研究状况

1. 国外研究概况

19世纪中期，英国教育家斯宾塞就提出了以科学为基础的、与生活相对应的课程。在此之后，卢梭和杜威进一步明确了自然、生活之于幼儿的重要性。卢梭在《爱弥儿》一书中强调了他的自然主义理论，他认为幼儿最好的学习方式应当存在于生活中、游戏中，这样的学习才有趣、易懂，对生活有用。杜威强调教育即生活，教育即生长，教育即经验的改造。

随着教育事业的发展，教学活动生活化已成为国际教育改革的主流之一。日本在1989年设置"生活课"的基础上，又增设"综合学习时间"，加强学习与现实生活的联系。另外，流行于英国的"综合教学日"等体现了课程综合化、生活化的思想。

20世纪80年代，美国物理学家、诺贝尔奖获得者莱昂·莱德曼提出"动手做"概念，倡导科学实践要从周围生活中取材。

20世纪90年代初，"动手做"这一教育理念引起法国学者的注意，掀起改善对幼儿的培养方法，从幼儿园开始进行自然科学教育的热潮。科学的"动手做"教育计划为"多能人才"的培养提供了条件。

2. 国内研究现状

著名教育家张雪门倡导幼儿园课程应从生活中来，在生活中展开，在生活中结束。

著名教育家陶行知提出了生活教育理论，其核心是"生活即教育"，指出生活教育是生活所原有，生活所自营，生活所必需的教育。教育的根本意义是生活之变化。生活无时不变，即生活无时不含有教育的意义。他主张幼儿教育应同实际生活相联系，一日生活皆课程，教育不能脱离生活。

著名教育家陈鹤琴关注儿童全面生活能力的培养，认为所有的课程都要从人的实际生活与经验里选出来。陈鹤琴的源于生活的幼儿园课程观充分尊重幼儿的兴趣、特点，体现了学习活动中儿童的主体地位。

21世纪初，我国第八次基础教育课程改革以来，各类教育教材内容逐渐与幼儿生活、社会现实联系在一起，选材关注幼儿兴趣与生活经验；教学方式也慢慢改变传统的灌输式教学，将幼儿主动参与、乐于探究、勤于动手放在第一位，把培养幼儿搜集和处理信息、交流与合作等能力视为第一目标。

2001年，教育部把国外先进经验与我国教育实践相结合，在幼儿园和小学教育中开展"做中学"研究，即进行基于"动手做"的探究式科学学习和科学教育，开启了我国生活教育的大门。

幼儿园教育正在进行一场根本性的变革，对幼儿园教育生活化的探讨正成为热点。许多幼儿园正在开展单个领域的生活化研究，虞永平、张春雷主编的《生活化游戏化幼儿园课程》中提到了许多相关研究。

幼儿园课程改革无论是课程理论基础、课程模式、课程教材与内容，还是课程目标和价值取向，都呈现多元化。幼儿园和教师可以根据幼儿园的实际条件、幼儿的发展状况做出适宜的选择，把课程生活化，让课程从幼儿的生活中来，再回到幼儿的生活中去，更好地为幼儿的生活服务。

二、课程构建相关理论

1. 美国教授泰勒的《课程设计原理》

生活融合课程的整体结构是依据美国教授泰勒的课程设计原理来进行的，课程目标、课程内容、课程实施、课程评价是课程的四要素。从目标到内容及过程的实施，是评价一以贯之的过程。

2. 北京师范大学教授薛贵：脑科学时代的未来教育目标改革

基于脑科学的教育目标体系，确定本课程知识生长线、思维发展线、价值体验线目标三位一体，有机融合。

3. 美国心理生物学家斯佩里博士：左右脑分工理论

大脑的本质是有序、有理、有图、有趣。左脑理性、右脑感性，而高效的学习就是左脑和右脑有机连接。

除此之外，瑞士著名儿童心理学家皮亚杰的"知识建构"理论认为动作是认识的源泉，是主客体相互作用的中介；他的"儿童认知发展阶段论"详细论证了儿童认知由动作、表象至内化思维的发展观。

生活融合课程基于以上理论，创新性地提出四层育人主线、目标三维融合、五感学习认知、三级思维发展的"4353"构建策略，促进左脑和右脑的整合学习，关注人的全面发展，满足时代的新需求。

三、国家政策中的育人要求

《关于学前教育深化改革规范发展的若干意见》《"十四五"学前教育发展提升行动计划》《幼儿园保育教育质量评估指南》等指出，要推进科学保教，坚持以幼儿为本，遵循幼儿学习特点和身心发展规律，注重幼儿发展的整体性和连续性，坚持保教结合，坚持以游戏为基本活动，珍视幼儿生活和游戏的独特价值，保护幼儿的好奇心和学习兴趣，尊重个体差异，鼓励和支持幼儿通过亲近自然、直接感知、实际操作、亲身体验等方式学习探索，促进幼儿快乐健康成长。

基于我国德育、智育、体育、美育、劳育"五育"并举、全面发展的育人目标，我们从国家课程入手，从生活教学走向生活育人。

《幼儿园教育指导纲要（试行）》（以下简称《纲要》）中强调："教育活动内容的选择应既贴近幼儿的生活，又有助于拓展幼儿的经验。教育活动内容的组织要注重各领域的相互渗透，有机整合。"《纲要》还在各教育领域强调了生活的价值，强调从生活中挖掘教育的内容，关注幼儿生活，引导幼儿生活，充分利用周围健康生活资源的现代教育生活观得到了充分的体现。

《3—6岁儿童学习与发展指南》（以下简称《指南》）中强调，儿童的发展是一个整体，要注重领域之间、目标之间的相互渗透和整合。幼儿的学习是以直接经验为基础，在游戏和日常生活中进行的。

　　"核心素养"这一概念已慢慢被大家了解、熟悉。文化基础、自主发展、社会参与是"全面发展"的三大方面，其所包含的人文底蕴、科学精神、学会学习、健康生活、责任担当、实践创新六大素养是我们课程改革的航标。

　　儿童的发展基于生活，又服务于生活。生活是鲜活、有趣、多元、相容、整体、变化、发展的，而3~6岁儿童具有对周围一切感兴趣、直观感知等特点，因此生活是儿童发展课程的基础和来源，以生活为根基、五领域融合是课程的出发点，以育人目标为导向，构建以幼儿为本的生活融合课程体系，具有非常重要的创新实践与研究意义。

第二章

生活融合课程概述

第一节　课程基本理论

一、生活融合课程的概念界定

"生活融合课程"是指以幼儿生活为根基，基于幼儿的生活需要与学习兴趣，遵循幼儿发展规律，融合五大领域，让幼儿真正回归生活，自主探究、发现创造、融合创新，促进幼儿个性化、社会化发展，使幼儿体验最真实的生命成长的过程。

课程概念突出五大要素：关注兴趣、遵循规律、生活融合、自主创新、生命成长。

课程实施突出"三基于"——基于指南目标、基于生活背景、基于幼儿经验，"三注重"——注重自主探究、注重"五感"学习和多元表达。

二、生活融合课程的理念创新

生活融合课程的理念是让成长从生活中来，到生活中去；让学习源于生活，服务于生活；尊重幼儿，成就幼儿。

生活融合课程倡导"生活化人"，尊重生活之人，整合生活之源，遵循生活之道，成就生活之人，是一个育人的封闭性回环。教师创设适合幼儿发展的生活融合课程，让学习成为幼儿体验生命的过程。

生活之人：教师或幼儿作为个体的人，是生活中的一部分，每个人都有自己的经验特点和内心需求，都需要发现自我、成长自我。

生活之源：生活中的人、物、事都可以作为学习资源。幼儿置身在真实的生活情境中，通过"五感"学习完成真实的生活探究，借助生活中的实物操作将真实的思维外显。探索知识的过程，就是从这些"源头"之中搜寻知识、探究规律的过程。

生活之道：课程实施的每一个探索游戏，都遵循人的发展规律，遵循生活的规律，引领幼儿进行深入、有效的知识探索。

三、生活融合课程的特点

生活融合课程具有整体性、融合性、系统性的特点。

（1）整体性。秉承整体性的教育观、儿童发展观、课程观，构建以幼儿为本、生活为根、游戏为主、体验为重的生活融合课程体系，实现幼儿、教师、家长整体性发展。

（2）融合性。融合幼儿生活，融合五大领域、课程资源、活动形式等开展生活融合课程。

（3）系统性。生活融合课程育人系统呈现出领域内容系统性、育人目标系统性、年级课程系统性、衔接育人系统性、评价模式系统性等特点。

第二节　课程价值取向

一、课程是共同成长的能量场

生活融合课程是教师、幼儿和家长共同发展、共同成长的能量场，以幼儿为本，使教师和幼儿都能从中汲取成长的能量，实现教学相长。

1. 课程是幼儿个体生命体验的一部分

课程是幼儿成长的一个载体。学习不是教师给幼儿结论，或者是教师给幼儿方法，而是让幼儿想办法解决每一个问题。每个人的已有经验、认知水平都不一样，所以幼儿在同一个素材面前表现的体验方式是各不相同的。教师在这个过程中要尊重幼儿的个性发展、个体差异，让课程能够促进幼儿得到适宜的发展。

2. 课程是幼儿成长的"放大镜"

教师如何通过课程读懂幼儿学习发生了什么？通过课程的实施，能够放大幼儿的优点和不足，能够精确地实施教育教学策略，也能够让家长从幼儿身上看到以往看不到的方面。让课程成就每一个幼儿，放大幼儿的优点，让教师和家长帮助幼儿解决困难，使其能够体验成就感。

3. 课程是教师的"专业方子"

通过课例分析，教师清楚了解到课程实际上就是教师的"专业方子"。这个"方子"要适合幼儿，让幼儿能够看明白。这个"方子"实际上就是教师所采取的教学方法和策略，包括语言的精炼、对知识体系的把握、对幼儿认知特点的了解以及科学的认知规律。这个"专业方子"，体现的是教师的专业水平，是一个综合提升教师的专业广度、深度、宽度的课程。

4. 课程是教师专业发展的"自观镜"

在课程的构建与实施过程中，通过与幼儿的互动反馈，教师可以发现自己在课程设计中哪些地方还不够细致，哪些设计还有一些偏向或者还不够深入，哪些课程预设空洞而不具体，导致幼儿无从下手，达不到预想的目标。实际上，幼儿学习发生问题往往是教师的课程出了问题。当感觉某个环节与预期不相符、教学目标没有实现时，教师就应该思考是不是课程设计的某个环节或者某个活动出现了问题，不符合幼儿的认知发展规律。

5. 课程核心观点

（1）学习是互动的过程，幼儿通过和接触之人、事物、环境、事件进行互动，实现信息的吸收、整合内化、个性化输出的过程，完成自我成长。

（2）"遵循生活之道、尊重生活之人、整合生活之源、成就生活之人"是生活融合课程建构的基本理念。

（3）幼儿天生会学习，会用自己的方法探究世界。

（4）顺应幼儿的天性和兴趣，顺学而教。

（5）生活是最丰富生动的课程。

（6）好的课程能助力师生生命成长。

（7）评价的核心是促进人的发展。

（8）教师是重要的课程资源之一。

（9）教师要尊重幼儿个性需求、兴趣爱好，才能走进幼儿的世界。

（10）教师在成就幼儿的同时成就自己。

二、课程实践价值

课程以幼儿生活为载体，构建科学的生活融合课程体系，探索幼儿全面可持续发展的有效培育路径，发挥幼儿园根基育人功能，非常有应用价值，切实解决了幼儿园课程存在的诸多问题，如园本课程无体系，重机械知识积累，轻能力培养；重超前学习，轻差异发展；重死记硬背，轻探究创新；重空洞说教，轻多感体验。

在课程构建实施过程中，教师的专业素养得到提高，体现在生活育人的六大意识上，即发现儿童意识、问题导向意识、目标意识、活动资源意识、课程活动意识、活动评价意识；培养了幼儿生活中的"六真行为"，即真兴趣、真问题、真探究、真互动、真生成、真反思。

1. 幼儿发展

生活融合课程是幼儿全面发展和创新素养培育的沃土，幼儿园生活融合课程的实践研究和有效实施，运用"五感"探究学习，成就了幼儿的"善思之脑、发现之眼、聪慧之耳、灵敏之嗅、灵巧之手、多元表达"。"五感"参与真正让幼儿敢于发现、勇于探索、善于创新，促进幼儿全面发展，有效地培育幼儿的创新人格、创新思维和创新实践。具体表现在以下几个方面。

（1）创新人格的培养。"五感"探究把生活还给了幼儿，幼儿在自由的环境中主动地去发现和探索，激发了好奇心和求知欲，培养了广泛的兴趣和丰富的想象力。

（2）创新思维的培养。"五感"探究把机会还给了幼儿，幼儿在主动参与、直接感知和亲身体验的过程中，自己动脑和动手去尝试、探索，尊重幼儿的个性发展，培养了幼儿多向求异、个性化理解、创造性想象的能力。

（3）创新实践的培养。"五感"探究把问题还给了幼儿，幼儿在自主探究具体事物、解决实际问题的过程中进行判断、推理、验证，这激发了幼儿多元个性化表达和创新解决问题的能力。

生活融合课程的实践，让幼儿真正在生活中主动学习发现问题、分析问题和解决问题，体验创造的乐趣，体会创造的价值。

2. 教师发展

为了幼儿身心健康发展，幼儿园需要勇于创造、敢于创新的新型教师队伍。生活融合课程成为教师的专业品牌，提升了教师专业素养，实现了"专业五有"和"素养三能"，使教师真正成为"能做、能写、能说"的专业人才。课程研创提升了教师专业育人能力，使教师获得了对领域、幼儿、自我、世界的深切认知，实现了教师的浸润式专业发展，具体表现如下。

（1）教师有正确的育人观。生活融合课程的实践让教师明白：每个幼儿都是一个"发展"的人，他们的身心发展具有规律性、全面性。同时，每个幼儿都是"独特"的个体，是一个完整的人，是学习的主体。生活融合课程是教师开出的"专业方子"，也是幼儿个体生命的体验过程。课程既是教师的"自观镜"，又是幼儿的"放大镜"。尊重生活之人，整合生活之源，遵循生活之道，最后成就生活之人。

（2）教师有科学的课程观。课程研究专题培训让教师具备了课程创新的"六个意识"，即幼儿主体意识、问题导向意识、目标引领意识、资源融合意识、活动游戏意识、评价具体意识。通过"生活融合课程"的实践，教师有了科学课程观，不再被动地讲授教材，而是把目标装在心中，在幼儿一日的任何活动中都能以课程的眼光加以关注。

（3）教师有读懂儿童的能力。生活融合课程中教师要设计真正适合幼儿的游戏活动，还要花大量的时间去收集学情、分析学情，学会读懂儿童。读懂儿童的思维，直击教学本质；读懂幼儿的困惑，理解内化知识；读懂儿童的情感，实现全面育人。

（4）教师有把握领域目标体系的能力。横向单元周主题融合课程将整体线性设计、纵向能力发展体系梯度设计相结合，形成纵横交织的知识网络。以《指南》目标为统领，提炼单元周主题知识生长线、思维发展线，构建教学思维导图。考虑本单元学习所需生活素材，融入价值体验线，三线同行，组合成完整的设计方案。每个年级在单元周主题开启之前都会整合资源，形成课程体系。

（5）教师有课程设计与实施能力。教师在实践过程中变"教者"为"学习者"，创设生活中的真实情境，进行单元周主题整体设计。将"4353"策略落实到设计实施的每个环节，让目标落地。课程实施过程中教师不断进行巩固反馈、评价反思，获得对领域、自己、世界的深切认知，实现自我成长。教学思想随之步步更新，教学能力稳步提升。

结合生活融合课程实施模型，教师整体把握资源价值和《指南》目标体系；在课程实践后及时收集学情，进行二次优化；课程成熟后进行总结整理、内化提升，并进行交流分享，在课程研创过程中"浸润式"成长，成为"能做、能写、能说"的"三能"教师。

3. 资源库建设

课程资源库系列化，倡导多元主体协同，促进幼儿全面发展。教师将与幼儿一日生活息息相关的自然环境资源、人力资源、幼儿园资源、家庭资源、社会资源创新融合，建立课程资源库，为创设生活融合课程五个领域提供素材。

幼儿在游戏中与生活环境互动，与游戏材料互动，与同伴、老师、家长互动，喜欢探究，发现问题、分析问题、解决问题。建设生活融合课程资源库，形成了课程资源库、视频资源库、幼儿活动资源库、幼儿成长电子档案、教师培训资源库等系列数字资源库。

（1）创建横向关联的同资源多领域的主题化课程体系。结合《指南》健康、语言、社会、科学、艺术领域各年龄阶段创新素养目标和幼儿的创新表现，建构同一课程资源下的创新素养五个领域生活化主题课程内容模块。

（2）创建纵向发展的同目标主领域的梯级发展课程体系。依据《指南》，科学解读相同目标核心领域中幼儿的横向经验发展逻辑和纵向目标发展梯度，设计同一目标下的阶梯式发展课程。

（3）创建跨级衔接的同目标主领域的三级衔接课程体系。科学研究《指南》相同目标核心领域中幼儿的横向经验发展逻辑和纵向目标体系，设计同一目标下的小班、中班、大班的衔接课程。

（4）创建"家园社共育"的实践课程体系。本书创新探索，构建"一体三维"的"家园社共育"模式。"一体"是秉承以幼儿为中心、"家园社共育"的基本理念；"三维"是指幼儿园、家庭、社区协同的共同体，形成教育合力，创设"家园社共育"的实践课程，让幼儿园从单一的"小教育"走向"家园社共融"的"大教育"。

（5）创建个性发展的特色课程体系。培育创新素养就要尊重个性发展。个性是创造的前提，个性是创新的种子。教师要关注幼儿，以幼儿为中心，创设符合幼儿个性发展的特色课程。

生活融合课程五个领域的资源库是学段衔接、育人贯通、领域整合、"家园社共育"的新资源，让创新素养在幼儿心中落地生根，在幼儿一日生活中处处体现。课程研究过程中收集、整理过程性资料，形成课程文本资源库、课程图片资源库、课程视频资源库、课程案例资源库等系列课程资源库。

4. 课程推广应用价值

（1）理论价值。幼儿园生活融合课程五个领域的构建，在理论体系、内涵界定、设计路径、教学策略、组织实施等方面，主张尊重儿童的发展规律，把幼儿园课程与幼儿的生活经验密切联系，聚焦立德树人的课程目标，整合生活中有价值的教育资源，分类构建课程体系，使幼儿园生活融合课程具有生活本色和教育意义。

（2）实践价值。幼儿园生活融合课程有利于实现幼儿园教育的目标。幼儿自出生之日起就从来没有离开过真实的生活世界，幼儿在与生活的交融之中不断成长，在丰富的童年生活中滋润情感，增长智慧，收获幸福和快乐。幼儿园生活融合课程是实现幼儿园教育目标的载体，是幼儿生命真实的体验过程，是幼儿健康成长的"跑道"。社会发展日新月异，幼儿园生活融合课程构建了幼儿园、家庭、社会一体的幼儿发展教育体系，让幼儿在生活的点点滴滴中，体验、感悟、锻炼、成长，以适应新时代和未来社会的挑战。

生活是课程，时时有教育。生活融合课程充分整合幼儿园、家庭、社会资源，尊重幼儿的主体地位，遵循从"教"向"学"的根本理念，使教师在课程的组织实施过程中，注重引导幼儿通过直接感知、亲身体验、实际操作的方式进行主动学习探究，运用"五感学习法"，让幼儿通过看、听、嗅、触、味五大感觉功能来探究外界事物，提升教师的课程组织实施能力，更好地促进幼儿身心健康、全面地发展。

（3）推广价值。生活融合课程将全面育人要求贯穿于小班、中班、大班各阶段。幼儿园生活融合课程的五个领域"4353构建策略""课程五精创设路径"以及"八层级能力评价指标模型"等成果进行经验交流，并在全市幼儿园中推广使用。生活融合课程系列视频、文本在公众号发布，开展线下、线上精品课程展示活动以及专家带培活动现场会和培训会，辐射、带动全市幼儿园教师、幼儿家长、社区及社会各界达成生活融合教育的理念共识，在生活中教育、为生活而教育，重视幼儿生活的教育价值。

第三节　课程结构与策略

一、课程结构

课程结构模型的主要理论依据源自美国泰勒的课程设计原理，包括课程目标、课程内容、课程实施、课程评价四要素。生活融合课程以课程四要素为结构，系统创设并开展以幼儿为本、生活为根、游戏为主、体验为重的生活融合课程，培育幼儿自主探究、个性化理解、多元表达等核心素养。

1. 课程目标

课程目标是让幼儿在生活中培养核心素养；在学习中认识自我、发现自我、成就自我；在课程中绽放生命活力，实现成长价值。

以《指南》的五个领域目标为导向，根植幼儿生活融合构建课程，培养幼儿全面可持续发展的必备品格、关键能力、核心素养。

2. 课程内容

根据生活融合课程的内涵，界定课程内容。课程内容构建过程中，始终坚持以《指南》目标为统领，融合与幼儿生活息息相关的自然环境资源、人力资源、幼儿园资源、家庭资源、社会资源，形成生活融合课程内容，即绘本融创课程、乐动艺美课程、会爱有我课程、童趣探究课程、动感健康课程，全面育人，科学育人。

3. 课程实施

生活融合课程的实施突出"三化"，即生活化、活动化、游戏化，遵循情景创设游戏化、操作材料游戏化、互动语言游戏化、组织活动游戏化的原则设计组织实施课程教学。

教学组织实施注重"教、学、评"一致性，突出游戏化策略，通过创设游戏活动、助力幼儿体验互动生成、教师观察学情读懂儿童三个维度实施课堂教学。课程目标的完成，以课程评价为导向贯穿始终，让幼儿在生活和游戏中自主探究、互动学习、认识自我，实现个性化与社会化发展。

4. 课程评价

"强化过程评价"和"健全综合评价"是《深化新时代教育评价改革总体方案》(以下简称《方案》)提出的基本要求。新课程设计与实施的每一步都包含对教师的评价，对幼儿的评价。充分发挥这一标尺的督评作用，对于提升教师的专业素养和发展幼儿的最大潜能具有巨大作用。

(1)评价焦点转移。

"上好每一节课、关爱每一个幼儿"是《方案》对好课堂、好教师的要求。因此，从课程设计到教学实施，再到课后跟踪调查，课程实施的每一步都关注教师的实践技能水平和专业教学能力。

每个幼儿都是独特的个体，是一个完整的人。为设计出真正适合幼儿的课例，教师需要花大量的时间去收集、分析学情，力争读懂每一个幼儿的生活背景、身心需要。每一次观评例课前，都要对观评者进行一次"听前培训"，让他们不仅关注课程设计的综合性、德育性、美育性，教学引领的灵活性，而且关注每一个幼儿的发展效果。

评价焦点由单一的"教"转向"学与教兼顾"。及时到位的跟踪评价、评后反思，让每一位教师在课程磨炼中获得了新领悟。

(2)评价功能拓展。

标准定向。对于在知识海洋中自由探索的幼儿来说，评价标准恰似一枚指南针。每次活动的第一步，教师都要把标准亮给幼儿，并结合例课进行示范操作指导，让幼儿针对目标设计自我活动，特别注重多感体验、多元表达的设计，实践验证"五感学习法"、多元表达对于思维发展、逻辑探索的助推作用。

评价多元。标准是幼儿进行自我评价、相互评价的标尺。教师、幼儿与文本、生活、资源之间互动对话的过程，是提升自我、实现团体共进的教学环节。小课时、大主题学习结束后，教师引导幼儿将数字、图形、计算等融入有趣的图画、游戏、故事中，以"游戏+图画+故事"三线一体的方式，实现直观、形象、抽象思维能力的互助式转化、发展。

激励增值。在幼儿自主探究、展示作品之后，教师及时对每个幼儿进行形成性、增值性评价。评价不只是用"好""棒"等空洞的词，而是认真阅读幼儿作品，从作品中分析幼儿的思维水平，并将结果记入学情档案。

诊断改进。及时到位的分析研判、客观评价，既能让教师清楚地知道每个幼儿的发展点、困难点、制约点、障碍点、偏离点，因材施教，也能让幼儿在教师、家长、同伴的全面评价中，更切实地认识自我，找到最适合自己的前进方向。

生活融合课程让幼儿在"做"中探索，在"做"中成长，在"做"中超越，每个人都成长为一个与自然、生活、自我、学习紧密联结的"完整的幸福的人"。新课程的生成是主题整合、学域重构的新资源。

（3）评价维度全面。

一日生活，个性评价，让成长可见。构建幼儿"八层级能力评价指标模型"，让教师可观、可测、可操作。注重过程性评价，尊重幼儿个性，助力成长。

每月评选，能力评价，让幼儿发光。"最美宝贝"评选活动捕捉幼儿的闪光点，促进能力发展。

阶段展示，综合评价，让生命绽放。阶段展示凸显幼儿核心能力，素养展演展现幼儿的阳光自信，绽放生命的活力。

（4）运用"八层级能力评价指标模型"，精准评价。

以幼儿为本，以《指南》为目标导向，根据幼儿核心素养行为表现，将幼儿核心能力发展阶段划分为八层级，形成"八层级能力评价指标模型"。教师可依据模型对幼儿进行过程性、终结性以及作品的多元评价，在互动过程中根据幼儿的表现明确幼儿当下所处的层级，对不同层级幼儿采取不同培育方案，使幼儿素养培育有标准可依、有方案可循，制定适宜的生活化、游戏化、活动化课程，引导幼儿向更高层级发展。"八层级能力评价指标模型"，使抽象的能力素养变得直观、形象、可操作。

以"八层级能力评价指标模型"为工具，实施形成性与终结性、自评与他评相结合的多元评价，能有效实现四个"可见"：让成长可见，教师尊重儿童的兴趣和经验，能发现儿童、读懂儿童、支持儿童；让过程可见，让儿童多通道感知、实际操作、亲身体验；让游戏可见，注重师幼互动、生生互动，注重幼儿与环境、材料的互动的生成性和高质量；让效果可见，课程目标达成度高，儿童核心素养培育有效。

幼儿的"八层级能力评价指标"如下：

第一层：有好奇心，关注生活，对周围的人、事、物等充满探究的兴趣。

第二层：自主创新探究，能主动运用视、听、嗅、触、味五大感觉功能协同开展探究活动。

第三层：互动交流，能主动和同伴交流自己的不同想法，大胆表达，多元求异。

第四层：合作解决问题，能和同伴协作探索，勇于尝试，创新性解决生活问题。

第五层：运用逻辑思维阐述观点，对生活中的事物有独特的见解，能个性化表达多事物间的因果关系。

第六层：运用多因素思维解释观点。对于一个问题或者一个观点能从多个角度思考，给出多个理由解释。

第七层：对比表达差异程度，会比较事物关系和差异，并能个性化表达清楚。

第八层：自我反思与评价一体，对问题解决的过程能进行自我反思和评价。

二、课程构建基本原则

基于幼儿的特点、经验和育人目标的要求，生活融合课程的构建遵循以下八个原则。

1. 整体性原则

课程的设计以幼儿的视角进行整体设计。课程开展全体性、全面性、主动性、创造性的"生活五领域"教育，实现"育全人"的培育目标；把生活融入主题课程教学目标，分序列化活动任务逐步实施；引领幼儿在生活实践中生成一个系统性知识复合体；做好家园共育工作，营造宽松、适宜的整体育人环境。

2. 生活化原则

以自然的生活画面，唤醒幼儿已有生活经验、知识思维，让幼儿在生活素材中观察、描绘、记录、阅读、讲述……针对幼儿思维以直观行动、具体形象为主的特点，学习过程更加突出生活化，通过打造幼儿熟悉、感兴趣、生活化的教学情境，唤醒幼儿的好奇心与求知欲，让幼儿在观察、探索、发现、表达、交往、欣赏的过程中生动、活泼、主动、创造性地学习。

3. 个性化原则

尊重个性需求，以自然生活为教材，让幼儿自由选择喜欢的学习方式，进行自由探究。尊重幼儿经验，教师在教学过程中以幼儿熟悉的生活为课程开展教学，引导幼儿在发现、探究、解决问题的过程中提出自己的见解和主张，帮助幼儿学会独立思考、创造性地解决问题。

4. 互动性原则

根据每个人的经验特点和内心需求，寻找生活中人与资源的连接，遵循认知规律，注重师幼之间、幼幼之间、师幼与资源之间的互动，实现幼儿的自我建构。

5. 探究性原则

以熟悉、有趣的生活情节为载体，激发幼儿的学习兴趣、探究欲望，以问题"导航"，引领幼儿运用已掌握的学习方法和已具备的思维方式，从生活体验中捕捉知识，以自我经验、多方互动等方式加深理解，通过解决生活问题、设计生活故事来运用知识，在自主探究中，掌握知识，提升能力。

6. 关联性原则

站在幼儿发展视角来分析生活素材，突出知识增长和思维发展的融合关联性，从幼儿现有及潜在的认知水平出发，尽力理解幼儿所思、所需。只要相关联的内容，都是幼儿的学习对象。

7. 操作性原则

课程让幼儿在五官感触、亲手操作、亲身体会的多样性操作中充分感知、体验、理解知识，领悟情感。注重生活经验的积累，课程让幼儿建立起自己的知识系统，并进行深度学习。

8. 游戏化原则

幼儿园以游戏为基本活动，通过将活动形式游戏化，增加幼儿探究兴趣，增强幼儿发现问题、提出问题、探究问题、解决问题的能力，促进幼儿的全面发展。

个性化、探究性、操作性原则，是为了促进幼儿个性化发展；而生活化、互动性和关联性、游戏化的原则主要是为了促进幼儿的社会化发展。

三、课程构建"4353"策略

1. "4353"构建策略

（1）"4"：四层育人主线。感知生活，认识自我；探索生活，发现自我；学会生活，成就自我；创造生活，超越自我。

生活融合课程是在真实的情境中，让幼儿从身边的日常点滴、有趣问题中充分感知生活，体会情感，增长经验。生活融合课程的综合性打破了学科间的壁垒，让幼儿站在更高的层次，发现生活的多彩，进而引发他们的思考，激发更强烈的探究欲望。

教师、家长、幼儿都在探究中不断地"认识自我、发现自我、成就自我、超越自我"，慢慢发展成一个学习共同体。当学习回归生活之后，幼儿的学，教师的教，都变得越来越深入。幼儿的生命力和创造力被激活，自然会产生幸福感。

（2）"3"：目标三维融合。课程设计主要把握育人目标的三条脉络——知识生长线、思维发展线、价值体验线。"三线"对应"三目标"——知识目标、能力目标、情感目标。其中，知识生长线是明线，而思维发展线和价值体验线是暗线，暗含在教学情境、教学活动的创设中，育人目标有机融合为一体，对应达成"五领域目标"。

（3）"5"："五感"学习认知。"五感"即视、听、触、嗅、味五大感官。人在适应环境、探究世界时，是用这五种感官配合感知、体验、认识。在课程实施过程中，学习过程就是"五感"探究的过程，教师引导幼儿多感官感知世界，在全身心感受生活的过程中领悟知识、探究逻辑，并加以实践运用。

"五感学习法"可以让幼儿实现从感觉到认知的学习过程。运用感官认知符合儿童认知规律。认知过程中，运用多种表达方式，引领幼儿思维可视化发展。知识与生活之间产生的关联显性化发展，伴随情感的萌生、加深而变成各种技能，伴随他们一生。

与其说幼儿从出生时就在学习，不如说他们从出生时就在感觉，并且通过感觉在发现和学习。幼儿的学习是一次次由感觉走向认知的真实体验。借助感觉，幼儿能将学习内化到身体里。而幼儿就是依靠视觉、听觉、嗅觉、触觉、味觉这五个感觉通道来发现和认识世界，并经由心理活动过程，在不断重复中记忆、练习、总结，累积经验，发现问题，继续调整，直到熟悉并完全掌握这个方法，从而上升到思维认知的层面，完成从感觉到认知的完整过程，从而实现真正的有效学习。这就是"五感学习法"的价值。

"五感"学习的过程就是促进身心情感体验、思维发展、知识生长融合发展的过程。在客观真实的生活情境中，幼儿面对新事物、新挑战、新问题时，需要去感知自己的外在和内在世界，经历复杂变化的心理过程去学习、整合和再使用，生成经验认知，形成思维认知。整个过程会经历困惑和挣扎，也会生出走出困境、突破认知的愉悦。

（4）"3"：三级思维发展。幼儿的思维特点是具体的、直观的、形象的，图画、故事、歌曲等是幼儿所偏爱的，无论是动态的还是静态的，无论是视觉的还是听觉的。坚持融合原则，将文字、图形、符号、计算融入他们的"偏爱"中，在趣味游戏中，实现直观思维、形象思维、抽象思维能力的互助式转化、提升。

在课程实施的构建框架中，以直观思维、形象思维、抽象思维三级发展为暗线，知识生长探究为明线，将图画、文字、音乐等表达形式组合成故事情节，连续性呈现出来，凸显知识学习、能力发展的关联性。整个课程体系，体现的就是思维发展的可视化，成长与生活之间关联的显性化。

2. "三线五环节观课法"

读懂儿童从观察儿童开始，基于课程目标，围绕"教、学、评"的一致性，实施"三线五环节观课法"，从施教、观学、察情、评价、调教五个环节收集学情，诊断教学，因材施教，全面育人。

施教：提前给学生下发详细教案，记录教师提出的具体问题任务或指令。

观学：在某个环节中，幼儿的听、说、看、写、做是怎样的，约多长时间，遇到的困难点是什么，怎么破解的等。

察情：观察幼儿的情绪状态、表情等，是否积极参与、高兴、企盼、漠不关心、痛苦、焦虑、恐惧、沮丧、惊喜等。

评价：教师自我感知、自我评价，记录自己的所思、所想、所感、所悟，比如触动、疑惑、惊喜、瞬间的思考。

调教：调整教案，进行部分环节的调整优化，及时剖析、评价、解决各类问题，从而进入下一轮课程实施，保证生活融合课程顺利开展。

教师利用学习过程的"相机"，再现学情，细读思维发展过程，归类提炼，评价"学"的同时反思"教"，特别留意预设之外的"镜头"或未能实现的环节，寻根究底，改进教学设计。

第四节　课程构建路径

一、课程构建层级

生活融合课程的构建包括三个层级：析构课程、共构课程、融构课程。

（一）析构课程，把握儿童成长规律

1. 专题系列培训，理念先行

专题系列培训让教师知道课程结构四要素和课程的价值，以及生活融合课程的定义、理念和特点，重构教师对课程内涵的理解。教师要明确课程四要素，即课程目标、课程内容、课程实施、课程评价。教师也要知道：课程是成长的"跑道"，引领幼儿认识自我；课程是生命的历程，促进幼儿发现自我；课程是个性创造，让幼儿成就自我。

2. 研读"五个读懂"，专业践行

通过课例研讨明确"五个读懂"是课程构建的基础，教师要具备的六大课程意识，解决教学活动育人目标缺失或偏离，课程零碎、随意性强、无整体性等问题。

"五个读懂"即读懂《指南》、读懂幼儿、读懂资源、读懂生成、读懂教师，教师要具备课程育人能力，了解幼儿成长的规律。

（1）读懂《指南》。明确育人方向，培养目标意识。研读《指南》五个领域目标和各年龄段幼儿的典型表现，解读同目标同年龄段幼儿的横向经验发展逻辑和纵向目标发展梯度，相同目标小、中、大幼儿的横向经验发展逻辑和纵向目标体系，熟知五大领域育人目标和幼儿具体行为表现，聚焦目标，明确幼儿发展的方向。

（2）读懂幼儿。关注兴趣，尊重差异，培养幼儿本位意识。尊重幼儿的已有经验和个性特点，尊重幼儿在认知水平、核心能力、关键经验、学习优势等方面的个体差异，因材施教，促进幼儿个性化发展。

（3）读懂资源。资源是课程的整体，培养资源意识，将与幼儿一日生活息息相关的自然环境资源、人力资源、幼儿园资源、家庭资源、社会资源创新性融合，让课程根植于儿童生活，滋养儿童生命成长。

（4）读懂生成。顺应支持，促进互动生成，培养评价意识。关注幼儿学习兴趣和发展，以幼儿生活经验为基础，以幼儿兴趣或需求为出发点，设计活动生成课程。

（5）读懂教师。教师是重要的课程资源，要正确认识自我，在融创课程过程中不断学习、探索，反思教学行为和策略，提升科学育人能力，发现自我的专业价值。

（二）共构课程，设计幼儿成长"跑道"

1. 课程共构"五精"标准

通过研究生活融合课程，形成五个环节的具体标准，实现高质育人。

（1）精研指南目标——熟知发展指南，明确育人方向。

（2）精细课程目标——研读五个领域，细化育人目标。

（3）精创生活课程——巧选活动材料，精设游戏课程。

（4）精心活动生成——观察幼儿学情，顺学适宜指导。

（5）精确课程评价——多维课程评价，师幼全面发展。

精研课程"五精"标准是基于课程目标、课程内容、课程组织、课程评价的课程结构"四要素"，聚焦幼儿好奇心兴趣、自主创新探究、个性化理解、多元创新表达这四个核心要素，融合"八层级能力评价指标模型"创新而成的全过程、精细化、反馈式的操作流程。它通过精研指南目标，明确培育方向，确定培育目标，顺应儿童兴趣，创新生成课程，细化课程、选材、活动，引导幼儿动眼、动手、动脑、动口，主动发现问题、提出问题、分析问题、解决问题。教师观察分析，适时介入指导，并给予幼儿实地实时评价反馈，真正实现课程游戏化、教学生活化，充分激发幼儿学习兴趣，进而促进幼儿核心素养发展，推动幼儿教育全面化、具体化、个性化、创造化。

2. 优化课程实施策略

优化课程实施策略，从"设路径策略、助探究生成、懂观学察情"三个维度，促进幼儿全面发展。教师关注兴趣、创设情境、任务驱动，设计学习路径和故事情境，让幼儿在游戏活动中进行生活体验、互动交流，学习生活技能。幼儿在学习活动中，由游戏任务驱动，"五感"参与，自主探究，发现创造，认识自我，实现成长。幼儿在课程实施中，多感参与、多元表达，体验成功的乐趣。

课程实施过程中，教师运用目标调控策略，以始为终，精准设计目标问题，关注个性的差异，实施目标调控策略，支持幼儿自主创造、合作交流、分享喜悦。教师通过观学察情，观察幼儿行为表现和情绪变化，解读幼儿个性需求和差异，运用"四步反馈调控"策略，适时评价，促进幼儿成长。

（1）目标调控策略：将课程目标转化为任务内容，以"问题"形式导学，是师幼教与学的"精髓"，以引导幼儿自主学习，通过独立思考、合作交流等达成课程目标。

① 问题细化导学。为有效实施教学目标，将教学目标分解到教学环节中，将教学小目标细化为具体的研究问题，紧扣目标设置教学问题，用问题引领各环节导学调控，促进教学生成。

② 目标任务驱动。教学过程中呈现的问题一定要紧扣课程目标，切合幼儿实际，设计真实的任务情境，提供适合的材料。活动过程中需要幼儿进行操作、交流的问题，要有明确的目的性。教师不仅要明确每个问题设计的意图，而且要清楚幼儿自主学习应达到什么目标。教师设计的问题的目的性不强，幼儿就无从下手，缺乏操作性，学习效果会大打折扣。

③ 目标问题推进。任务探究的问题设计要巧妙递进，幼儿会受目标问题的激发而在学习过程中产生新的问题，在对新问题的发掘和解决过程中，创造能力得以不断加强，教师的教学就会取得事半功倍的效果。因此，教学环节中目标问题的设计要层

层递进、环环相扣。教师要预测幼儿的学情，根据幼儿学习的状况由易到难地巧设问题，在不断探究、解决问题的过程中层层推进学习，才能有效调控教学，达成教学目标，促进幼儿的自我发展。

④ 目标问题精设。教学问题设计中的"精"，是指教师在设疑时围绕幼儿兴趣、目标设计，在关键处设疑，创设的问题要小而具体，讲求过程、不重结论，具有可思性。只有这样，才能引导幼儿在积极的思考探索中，直观感知、操作理解、体验感悟，关注幼儿思维发展的层次性，引领幼儿深入思考、有效互动、交流提升。

（2）"四步反馈调控"策略：为了让幼儿的学习活动处于一个自主调控的状态，教学中应具备全程性的四步反馈，即起步反馈、同步反馈、集中反馈、整体反馈。

① 起步反馈。起步反馈就是课前的必要准备，是集中反馈，教师通过课前观察、交流等形式，及时收集幼儿所掌握的信息和经验，同时让幼儿明确学习的目标任务，充分发挥目标导向性。

② 同步反馈。实现同步反馈的第一步是教师及时收集幼儿行为表现的信息，教师要观察幼儿的活动过程，适时参与幼儿的自主游戏、互动交流的学习，收集幼儿个体信息、互动生成的信息、全体反馈的信息、幼儿对活动过程存在问题的信息。实现同步反馈的第二步是选准反馈时机，组织同伴互评、分组互评及集体互评等活动。总之，制定恰当的反馈方式，找准反馈信息，迅速采取相应的支持策略，助力幼儿成长。

③ 集中反馈。集中反馈是在同步反馈的基础上进行拓展的。教师把活动向外拓展延伸，培养幼儿的发散思维，将新知识与旧知识融合在一起，让新知识上升到一个新的层次。教师根据反馈的不同结果，采用不同的激励引导措施。教师要注重对幼儿进行形成性评价，给予肯定和鼓励。

④ 整体反馈。整体反馈的一般做法分为三类：一是基础类，面向大多数幼儿提出的要求；二是提高类，设计让一般幼儿经过努力能完成的目标任务，让他们展示交流任务和完成成果；三是拓展类，通过开放性强的任务驱动，供幼儿深度思考、探索创造，形成自己的个性化作品，教师进行赏析性反馈评价。

3. 完善教学评价模式

评价是教师组织幼儿进行有效的自主合作学习，并对幼儿学习的意识、兴趣、互动、评价、方式、方法、反馈进行有正向作用的引领。教师在教学中要注意调整、控制、引领、帮助、应变、服务。

幼儿园运用幼儿能力发展的"八层级能力评价指标模型"和教师"三线五环节"

观课法进行观课评价，让教师有据可依地进行课程反思调整，推动深入研究，明确育人方向。

4. 形成双主互动教学模式

整个课程实施流程帮助教师读懂幼儿，建构教学策略；读懂课堂，建构互动模式；读懂自身，建构适合课程，获得了对领域、对幼儿、对自我、对世界的深切认知，实现了自我成长。同时，课程给幼儿创设平台，让幼儿的多种感官参与学习过程，从而发现自我、成就自我，让幼儿优势凸显，选择适合的方法自主解决问题，学科素养、理解能力和表达能力得以提升，形成双主互动式教学模式。

（三）融构课程，助力儿童全面发展

定期开展课程分享会，基于研创课程流程和"五精"标准，从意识内化到实践创新，赋能幼儿发展。

1. 生活融合课程"五融"策略

（1）融生活。3~6岁幼儿思维以捕捉直观、具体形象为主，因此课程研创过程要注重将课程融入生活，注重以下四点：课程资源的选择要源于幼儿的生活，课程设计最终回归幼儿生活经验的激活和创造，活动过程再现幼儿生活真实感知体验，课程延伸走进幼儿生活。

（2）融环境。一是教师营造宽松、自由的学习环境，让幼儿浸润在舒适和谐的生活环境中，丰富多感官的感知，激发幼儿自我发现探究的兴趣；二是教师有目的地选择并提供优质材料，让幼儿自主互动，个性化地创造，帮助幼儿学会自主发现，敢于探索表达，享受成功的乐趣。

（3）融游戏。以游戏为基本活动，教师将课程融入幼儿的自主游戏和主题游戏，让幼儿在感兴趣的游戏中，互动生成，快乐体验，助力幼儿全面发展，提升幼儿综合素质。

（4）融衔接。以指南目标为导向，以课程资源为载体，增强课程的持续性。创设小、中、大三个年级系统发展的融创主题课程体系，践行"一标三课"衔接育人机制。

（5）融共育。建立健全家园共育融创课程体系：一是生活融合五个领域的教育，提升幼儿核心素养，实现幼儿全方面发展；二是延伸到家园共育，家园携手，共促幼儿身心健康发展。

2. 融合课程，衔接育人

开展生活融合课程的"一标三课"研创，构建横向关联的同资源、多领域的周主题融合课程，纵向发展的课同标、主领域梯级发展的月课程，跨级衔接的三级衔接年课程，实现生活融合课程"三衔接"育人：五个领域内容衔接，突出育人的融合性、整体性；目标能力衔接，突出育人的连续性、发展性；年龄贯通衔接，突出育人系统性。

3. 教师的专业"四有"

生活融合课程的建构是一个系统工程，需要教师做到专业"四有"。

（1）心中有目标。研读《指南》，把握五个领域各年龄阶段目标和幼儿的典型表现，科学解读相同目标核心领域中幼儿的横向经验发展逻辑和纵向目标发展梯度，将其细化为具体的融构课程育人目标。

（2）眼中有幼儿。融构课程时，教师基于《指南》目标导向，尊重幼儿的需求和兴趣；以幼儿一日生活为载体，创设游戏化的课程；实施过程中注重对幼儿进行观察、分析、评价，为幼儿提供合适的引导，实现全面育人的目标。

（3）脑中有课程。以幼儿的一日生活资源为基础，创设游戏化的课程，课程组织实施的过程遵循客观性、自然性、目的性、准备性的观察原则，运用环境推动、对话推动、材料推动、问题推动、游戏推动的策略支持幼儿创新探索研究，以"八层级能力评价指标模型"为依据对幼儿进行多元评价，促进幼儿全面发展。

（4）心中有资源。一日生活皆课程，为将课程目标落实到一日生活的每个活动中，教师需要提供丰富的材料支持，整合优质资源，为幼儿发展提供服务。研究入园离园、两餐、盥洗、午睡、体育运动、户外游戏、区角游戏等日常生活中的育人契机和资源，促进幼儿全面发展。

二、课程实践步骤

生活融合课程实践分三个阶段、十个步骤。

（一）课程设计阶段

步骤一：认领目标。教师根据《指南》目标，制订课程研创计划，教师自主认领周主题课程，提前一周备课。

步骤二：自主设计。教师基于《指南》领域目标，整合生活资源，研创周主题课程。

步骤三：合作研讨。年级内课题组每周定期对周主题课程进行研讨交流。

步骤四：引领打磨。由课程委员会成员指导，进行课程的打磨修改。

（二）课程实施阶段

步骤五：课前准备。（课前准备教具、学具、材料等）

步骤六：自主探究，互动游戏。

步骤七：分享交流，多元评价。

（三）课程评价阶段

步骤八：实践反思，调整改进。

步骤九：反馈评价，完善优化。

教师根据幼儿的表现，分析研判，客观评价，清晰地分析每个幼儿的发展点、困难点、制约点、障碍点、偏离点，因材施教，促进每个幼儿不同的发展。

（四）课程分享阶段

步骤十：展示交流，成果引领。

每月定期展示交流，分享成果。教师设计课程、反思总结、整理提炼幼儿的学习过程资源、录制微课，通过多种途径进行成熟课例和微课的分享，指导其他教师进行实践研究。

系统梳理课程，优化成果。对于生活融合课程的实践者来说，整理的过程就是进行一个专题性培训的过程。在课程的实践研究中，教师要将课程系统梳理，反思调整，优化成果。通过定期分享成果简报、每周推送课例视频到各个园所、进行阶段性直播分享活动等途径，教师进行成熟课例与微课的分享。

教师示范引领，内化提升。教师会跟随教学过程在线反馈，随时记录每天的所见、所想、所感、所悟，特别是典型幼儿的学情信息，针对课程实践体验和感悟，修正构思框架，细化框架纲目；基于课程实施的困难点、疑惑点，反思自己的教学设计，调整下一步的教学策略与方法，从而实现内化提升。

团队专题研讨，智慧共享。教师定期开展主题交流，把成熟的经验和做法提供给团队其他同伴，同时在课程的研发和实施过程中多和同伴共同商讨。

成就幼儿，服务幼儿。专业化的课程设计，让教师具备正确的育人观和课程观，设计真正适合幼儿的课程。课程的分享，又让更多的教师参与其中，更好地成就幼儿、服务幼儿，让更多的幼儿受益。

三、课程具体实践

以 "10以内数的认识" 主题课程的架构实施详细说明幼儿园生活融合课程。

（一）精准研读，定目标

主题课程的教学目标：情感价值线、知识生成线、思维发展线三位一体，贯穿始终。因为生活融合课程是以全人教育为目标，所以情感价值线要始终 "在场"。

情感价值线：幼儿从最熟悉的生活中认识自己，在探究中成就自己，最后去创造和表达，超越自己。

知识生成线：在探究活动的过程中，运用 "五感学习法"，多感参与，促进知识的内化和吸收。

思维发展线：通过 "物—图—数" 对应的 "直观—形象—抽象" 三级思维认知规律，让幼儿在体验中了解0到10数字的意义，以及读写、比较大小等知识，并能运用所学符号、图示等进行多元表达，学以致用。

（二）把握核心，构导图

（1）情感价值线。多级育人发展目标逐层递进，贯穿单元、课时及每一个活动。

（2）知识生成线。数数时先会数1，因为1为万物之首，再逐渐认识2~5，并迁移到对6~10的认识，理解1~10数字意义的基础上掌握它们的读写、比较大小等知识。0是数字逐渐递减到没有的表达，它有多种不同的含义，可用一课时学习。

（3）思维发展线。利用 "五感学习法"、三级思维表达等策略分解知识点，助推知识理解吸收，以知识线为明线，以思维线和情感线为暗线，三线一体，同步进行。

（三）整合素材，创设计

主题课程设计案例如下。

1. 活动一：身体上的数（感知生活，认识自己）

孩子们，你们是带着身体的哪些 "法宝" 来学习的？它们对你们的学习都有什么帮助？

摸一摸，它们在哪里？数一数，有几个？

设计目的：幼儿开始学习前，首先要对自己有正确认知。眼、口、手、耳、鼻等都是帮助学习的感官，它们的作用各不相同，互相合作，缺一不可，其实这就是生活融合课程中 "五感学习法" 所对应的五个感官。像 "摸一摸""数一数" 这些活动的设计就是让幼儿多个感官同时参与学习，加深感知。

2. 活动二：1~5的认识（发现生活，发现自我）

如果用圆点代替每一个部位，你能画一画、数一数、写一写吗？用数字几表示呢？

设计目的：画、数、写这些环节的安排也运用了"五感学习法"。其中，画图代物、写数代图就是运用了三级思维发展线，从形象到直观再到抽象，符合幼儿的认知规律，易于理解。

3. 活动三：1~10的意义（探究生活，成就自我）

你认为哪个数字最重要？

设计目的：每个数字里都是从1开始的，这也是1的意义所在。

从1到2发生了怎样的变化？2是怎样产生的？摆一摆，说一说。

设计目的：2就是在1的基础上又多了一个，也就是说2由两个1组成。2的意义迎刃而解，并且为后面数字意义的理解做了充分的铺垫。在这里首次出现了"分成"的符号，而符号的作用要让幼儿意识到它的简洁性和概括性。

3是怎样产生的？（摆一摆，说一说）如果3只能分成两个数，可以分成几和几？以此类推，学习后面的数字。

设计目的：知识的发展和迁移。有几个计数单位1，就是数字几。它可以分成多个部分，也可以简单地分成两部分。

同位互动，手指游戏：口令1、2、3，同时用手指出一个数。

（1）比比，谁出的数大？为什么？（1~5的意义学以致用）

（2）两个数字合起来是多少？用你的记录方式记下来吧。

（3）说说这些数字的意义。

数字划分的过程，摆、画、说、用手指表示等，这些方式都是多感学习的表现形式，三级思维的培养层层递进。

4. 活动四：几和第几，比较大小（创造生活，超越自我）

游戏（创造生活，超越自我）。

（1）课上排排队：从前面数第5位同学过来，再请前面4位同学过来……你发现了什么？

（2）随时停下来进行两队人数的比较：两队人数一样多吗？

借助幼儿拥有的生活经验和基本的数感进行排队游戏，并在口令中反复几和第几的发出，直到幼儿会自己发现规律并会运用这个规律进行排队。生活融合课程的理念是让学习从生活中来，再到生活中去，教师创设适合幼儿的课程情境才能促进幼儿的生命成长。

数学具有简洁性、抽象性、概括性，数字、符号、图画等是数学表达最常用的方式。久而久之，幼儿自然就能读懂数学语言，并会运用数学独有的方式进行表达了。

你会如何表达生活中物体的数量？

从生活中来，自然要回到生活中去。其实这个问题更像是一个评价过程。一节成功的课是很能让老师激动的，会有很多意想不到的惊喜。如果设计不成功或体验有漏洞，那这个环节可能就流于形式了，不会有太大波澜。

（四）实施策略，促发展

教师基于目标下的主题整体活动设计分别对应多级育人的梯度，知识、思维、情感三位一体，每个问题的设置要体现"五感学习法"和三级思维发展，在此基础上划分课时，逐步细化课时活动设计。

四、教研机制保障

1. 教研机制

（1）开展主题课程研创。组建各领域研究团队，明确职责和分工，全员参与，规划研究路径和研究策略。通过"研读《指南》""读懂儿童""研读资源"等专题研讨活动，针对课程精研路径和标准，聚焦同一目标，开展小班、中班、大班衔接育人的"一标三课"系列专题研讨活动。

（2）定期开展"三个一"教研，即一日一教研、一周一主题，一月一展示。每日进行生活融合课程"三研"活动——研幼儿、研课程、研反思；每周构建一个主题生活融合课程；每月进行主题性、阶段性展示和研讨活动。

（3）实施"一点教研"园本模式。基于课程研创和实施过程中的小问题，进行及时性、实效性的"一点教研"，引领教师在发现儿童、顺应儿童、支持儿童、回应儿童、成就儿童的同时，读懂自己，反思自我，提升专业素养。

发现儿童：一点观察，一点好奇，一点疑问，一点困难，一点操作，一点合作，一点分享，一点精彩等。

教师反思：一点发现，一点惊喜，一点思考，一点改进，一点创造，一点感悟，一点反思，一点交流等。

（4）点、线、面、体多维推进。通过精研活动点课程，深化主题线课程，推进项目面课程，构建多元体课程，步步推进、层层深入地构建以幼儿为本、生活为根、游戏为主、体验为重的生活融合课程体系，形成园本特色衔接育人课程。

（5）通过生活融合课程的构建与实践实现师幼成长的融合。生活融合课程回归幼儿本真的生活世界，站在幼儿的视角将生活精神、生活态度和生活实践有机结合，实现幼儿完整的生命成长与教师专业化发展的融合。

2. 保障措施

（1）组织保障。机关幼儿园建园70多年，有优质的教师队伍，多名教师在省级"齐鲁幼师之星"风采、优秀课例、公开课展示时表现亮眼，多名教师荣获教学能手、优秀教师等荣誉称号，幼儿园组织建立以园长为组长、业务园长为副组长、骨干教师为组员的课程研发小组，保障实践研究。研究小组中的核心研究者具备丰富的实践经验，并在持续性实践研究中不断提升自身教科研能力。参与研究的骨干教师都是教育理念先进、具有创新精神的新型教师。

（2）培训保障。幼儿园加强师资培训，定期开展线上、线下教师生活融合课程构建和实践培训活动，定期邀请专家来园开展培训，优化教师队伍建设，培养以幼儿生活为中心的创新型教师队伍。

（3）时间保障。幼儿园以行动研究为主，时间上具备较强的灵活性，实践研究贯彻到幼儿在园的一日生活中，并适时延伸至幼儿家庭中。项目研究小组成员采用线下、线上双向教研模式，定期开展教研活动；定期开展各级交流研讨活动，定期聘请专家培训。

（4）制度保障。幼儿园建立项目研究及实施制度，用制度规范研究行为，鼓励创新性研究方案，各类活动都有可执行和可操作方案、计划，保障活动有序开展。

（5）硬件保障。幼儿园十分重视构建以幼儿发展为中心、创新融合生活资源的生活融合课程体系，完善支撑生活融合课程的五个领域、生活融合课程的实施路径和培育模型、创新型教师队伍建设等方面的硬件保障，多方面支持教研活动的顺利开展。

第三章

生活融合课程五领域体系

第一节　课程五领域体系的架构

一、聚焦《指南》五领域目标

幼儿园的保教育人标准是按照《指南》的具体要求拟定的。《指南》从健康、语言、社会、科学、艺术五个领域，分别明确规定了3~6岁儿童每个年龄段学习与发展的目标，是小班、中班、大班教师保教育人的依据，更是教师和家长了解幼儿发展状况的依据。

为解决教师上课随意、课程碎片化、教学无目标的问题，幼儿园以《指南》五领域目标为统领，研创生活融合课程的五个领域体系，让《指南》的每个发展目标根植于一日生活。

教师把生活资源变成课程资源，基于幼儿特点和生活经验，设计幼儿感兴趣的游戏活动，让幼儿在游戏中与生活环境互动，与游戏材料互动，与同伴、老师、家长互动，在生活中喜欢探究问题、发现问题、分析问题、解决问题。幼儿园以幼儿发展为中心，融合生活资源，创建生活融合课程五领域体系，持续、科学地培养全面发展的人。

二、构建融合课程五领域体系

1. 五领域体系内容

以《指南》五领域的目标为主导，构建幼儿为本的生活融合课程，分别是语言领域的绘本融创课程体系、科学领域的童趣探究课程体系、艺术领域的乐动艺美课程体系、社会领域的会爱有我课程体系、健康领域的动感健康融合体系。

生活融合课程五领域体系既各自独立，又可融合互补，成为一个有机育人整体，通过目标导向、整体设计，系统实施，让课程根植于幼儿生活，又服务于幼儿生活，促进幼儿全面发展。

（1）语言领域：个性理解、多元表达，绘本融创课程体系。

（2）科学领域：动手操作、探究发现，童趣探究课程体系。

（3）艺术领域：感受欣赏、表达创造，乐动艺美课程体系。

（4）社会领域：自信交往、懂爱会爱，会爱有我课程体系。

（5）健康领域：体活能动、身心健康，动感健康课程体系。

2. 五领域体系主题类型

生活融合课程主要体现在课程构建"融目标、融资源、融生活、融游戏、融衔接、融共育"的策略上，五领域内容有机融合，目标贯通衔接，形成周内容融合主题课程、月能力发展主题课程、年目标衔接课程等系列主题课程。

构建横向内容关联的周主题课程——同资源多领域主题化课程。基于同一个资源，研创其他领域的生活融合课程。

构建纵向能力发展的月主题课程——同目标主领域梯级能力发展课程。确定主领域同一目标下持续发展的关键经验和能力发展的梯级融合课程。

构建跨级目标衔接的年课程——同目标主领域三级衔接课程。聚焦同一目标，小班、中班、大班三阶段衔接培养的融合课程。

构建家庭、幼儿园、社会共育实践课程，联合多方力量，将全面育人目标化为具体的实践，落实到幼儿生活中。

3. 融合课程的五领域体系融创策略

（1）做好两个融创计划。每学期按教学时间节点，要做好两个课程融创计划，一是主领域课程的学期计划，二是五领域融合课程月计划。

主领域课程学期计划是根据主领域目标的数量，有计划地将主题分配到学年的每个月中，初步制定月课程主题，再将每个月的主题细化分解到四个周，构建出每周的融合主题课程，形成月主题课程的周课程网络，让幼儿的发展呈梯级上升，突出育人目标的系统性。

五领域融合课程周计划是根据主领域课程的周融合主题，确定其他四个领域的目标，形成五领域内容融合的周主题课程，突出课程育人的整体性、持续性和融合性。

（2）做实两段课程实践。

一是规划研创阶段。

学期：对接领域目标，制定月课程主题。

每月：关注幼儿兴趣，构建周融合主题。

每周：自主合作研创，融创周主题课程。

二是实施总结阶段。

每日：个性课程实施，互动支持推进。

每日：总结反思整改，促进优化提升。

每月：展示交流分享，成果引领辐射。

（3）实施"1+4"融创策略。"1+4"策略即构建一个主题，实施四个融合，达成五领域目标，实现生活融合，全面育人。五个领域课程研发小组以一个领域切入，融合四个领域生成课程，共构五领域融合课程体系，提高全面育人质量。

每周"1+4"："1"是指每周一个主题融合课程，由一个领域切入，同资源关联构建其他四个领域课程，由五个主领域活动课程组成一个主题，周一到周五有机连接生成，贯穿在一周五天实施，实现整体全面育人。

每课"1+4"："1"指将每天一个主领域活动课程作为主导目标，根据资源融合其他四个领域发展目标。每个领域的生活融合课程关联多领域目标学习与发展，实现跨领域融合育人。

4. 融合课程的"四定"策略

"四定"策略即定资源、定领域、定目标、定活动。根据幼儿的学习兴趣和发展需要，搜集和整理课程资源，根据《指南》目标确定各领域的课程目标，通过拓展、融合，生成主题活动，通过研讨衍生出五个领域的课程。

以绘本融创周主题课程为例说明。

定资源。精心挑选绘本，根据不同年龄阶段幼儿的培养要点，梳理小班、中班、大班绘本资源。结合幼儿生活、季节、节日，研讨绘本教学清单。

定领域。研析绘本，结合绘本主题衍生出五个领域的课程网络图。

定目标。拆解绘本，研读五领域《指南》目标，根据《指南》的具体目标确定各领域的课程目标。

定活动。融创课程，遵循幼儿发展规律，探索、挖掘绘本的教育内涵，通过拓展、融合，生成主题课程。

课程融合：在一个午后，教师带领幼儿进行餐后散步，正赶上养殖区的大鹅在生蛋。幼儿目睹了整个过程，非常兴奋，一直在讨论着。教师抓住这个契机，带领幼儿学习了绘本《这是谁的蛋》。学完了绘本，幼儿的兴致依然很浓，教师又融创了健康领域《公鸡下蛋》、社会领域《护蛋行动》、科学领域《胎生和卵生》、数学领域《大大小小的蛋》、艺术领域《画彩蛋》课程。

课程评价：通过五个领域的主题教学，教师为幼儿创设了愿意表达、会清晰表达、喜欢表达的语言环境，使幼儿理解了故事内容；引导幼儿通过看一看、摸一摸、闻一闻、尝一尝，激发幼儿的探究意识；尝试运用点、线等花纹进行装饰，感受创作的乐趣，增强了手部精细动作的发展；在护蛋行动中，幼儿通过亲身体验，在学习保护蛋宝宝的过程中，体会到父母对自己的关心与照顾、爱与责任；养成了做事坚持、勇于克服困难的学习品质。

第二节　融合课程五领域体系特色解读

一、语言领域：绘本融创课程体系

以绘本为载体，通过"教师融、幼儿创、课程生"，以《指南》为指引，通过"四定""五融"策略，培养幼儿的"六绘"能力，构建小班、中班、大班年级绘本融创课程体系，促进幼儿全面、健康、快乐地成长。

绘本是课程资源，幼儿通过"绘赏、绘听"了解故事的内容，培养阅读习惯；通过"绘讲"练习续编、仿编、创编故事，培养语言表达能力、创新思维和想象力；通过"绘画"扩展想象力和书面语言表达力；"绘演"培养幼儿懂得了善良、坚持、合作、奉献等优良品质；通过"绘唱"，学习改编歌词，用艺术的形式表现故事内容。在五彩缤纷的绘本世界中，幼儿得以全面、健康、快乐地成长。

二、艺术领域：乐动艺美课程体系

通过"三动四美五育"研创路径，以"四美"为目标导向：感受美、欣赏美、表现美、创造美；以"三动"为育人策略：身体动、思维动、情感动；构建五育融合课程，将艺术与科学、语言、社会、健康相融合，构建小班、中班、大班乐动育人融合主题课程体系，让幼儿在自然和社会文化生活中萌发对美的感受和体验；用心灵去欣赏美、发现美，用自己的方式去表现美、创造美。

三、健康领域：动感健康课程体系

遵循幼儿身心发展规律，以"身、心、智、情、行"为路径，利用周边环境和自然资源构建"身体大动作发展、手部小肌肉动作发展、自我管理"动感健康融合课程体系，锻炼幼儿走、跑、跳、投、攀、钻、爬的身体大动作发展、手部小肌肉动作发展能力，培养幼儿的自我管理能力。

四、科学领域：童趣探究课程体系

以科学领域为主目标，"三探究、四支持"的童趣探究课程体系，实施生活探究、自然探究、科学探究，材料支持、区域支持、游戏支持、活动支持。

以生活材料为载体，构建实施三个年龄段的童趣探究融合课程体系，有效地将科学领域的知识与游戏相结合，实现集体教学活动的游戏化，在游戏中支持幼儿深度学习，在游戏中进行儿童学习的观察与评价。

五、社会领域：会爱有我课程体系

以"知爱、懂爱、会爱"为育人目标，遵循"四个一"原则（即根植一个基点——做人，贯穿一条主线——生活，凸显一种意识——创新，强调一个核心——实践），体现"四个真"特点，即真生活、真情境、真实践、真体验，从爱人、爱物、爱环境三个维度，围绕"我爱自己、我爱家人、我爱幼儿园、我爱家乡、我爱祖国"五个课程内容模块，构建三个年龄段的会爱有我课程体系。

第四章

生活融合课程周主题实施课例

第一节　绘本融创课程

小班周主题：下雪

活动一　语言领域：下雪了

一、活动名称

下雪了

二、活动对象

小班幼儿

三、《指南》目标

【领域】语言领域

【维度】倾听与表达

【目标2】愿意讲话并能清楚地表达。

【具体目标】3~4岁：能口齿清楚地说儿歌、童谣或复述简短的故事。

四、课程目标

1. 了解下雪是在什么季节，知道下雪时路滑，要注意安全。

2. 愿意讲话并能清楚地表达故事的大体意思。

3. 喜欢绘本故事，能够主动阅读。

五、活动准备

PPT。

六、活动过程

【环节一】谈话导入，激发兴趣。

师："小朋友们，你们知道现在是什么季节吗？"

幼："冬天。"

师："在冬天下雪时我们会看到什么呀？"

幼："小雪花。"

师："是的，在冬天我们可以看到漂亮的小雪花。雪是什么颜色的？"

幼："白色的。"

师："今天我要给小朋友们分享一个关于下雪的故事。请小朋友们来听一听《下雪了》的故事吧。"

【分析与解读】

通过谈话导入，唤起幼儿对雪的记忆，激发幼儿参与活动的兴趣。

【环节二】教师讲解故事，帮助幼儿初步感知。

师："小朋友们，现在我们来看第一幅图片。你们观察一下，图片上有什么？"

幼："我看到了小雪花。"

师："接下来，我们再来一起观察第二幅图片。图片上的小动物是谁呢？"

幼："小猫咪。"

师："那第三幅图片上的小动物是谁呢？"

幼："可爱的小猪。"

师："第七幅图片上是哪只小动物呢？对，是小老鼠来了。接下来我们一起来看看，小动物们聚在一起要做什么呢？"

幼："它们聚在一起打雪仗、滚雪球，玩得可高兴了。"

师："可是它们的欢笑声把谁吵醒了？"

幼："大熊。"

师："对！它们把大熊吵醒了。"

【分析与解读】

教师通过引导幼儿观察图片，整体感知故事，引导幼儿以自己的经验为基础，理解画面的内容。

【环节三】教师完整讲述故事，帮助幼儿加深理解。

教师完整地讲述故事《下雪了》，引导幼儿说说故事的内容。

师："小朋友们，故事讲完了。这些小动物有没有找到小雪花呀？"

幼："没有。"

师："下雪后世界变成白色。下雪天我们可以做些什么事情呢？"

幼："打雪仗。"

师："冬天真有趣！"

【分析与解读】

教师通过完整地讲述故事，让幼儿再次熟悉故事内容，以便幼儿很好地理解故事。

【环节四】教师组织幼儿游戏，巩固提升。

师："今天我们要分角色表演绘本故事。你想扮演谁呢？排队到前面选一个头饰吧。"

幼儿排队选取头饰，师幼共同扮演角色。

【分析与解读】

幼儿的模仿能力特别强。教师通过组织游戏，帮助幼儿理解绘本故事内容的同时，培养幼儿的表现力。

【环节五】活动延伸。

师："请小朋友们回家给爸爸妈妈讲一讲自己在幼儿园学的故事。"

七、反思与调整

本次活动适合在小班开展，能够促进幼儿的发展，吸引幼儿的注意，让幼儿感兴趣并乐在其中。在整个活动中，大部分幼儿能静静地听老师讲解故事，并积极地参与活动，只有个别幼儿缺乏耐心，不能很好地参与活动。针对部分幼儿注意力不集中的问题，教师要在以后的活动中多加注意，多关注这些幼儿的表现。   .

活动二 艺术领域：小雪花

一、活动名称

小雪花

二、活动对象

小班幼儿

三、《指南》目标

【领域】艺术领域

【维度】表现与创造

【目标1】具有初步的艺术表现与创造能力。

【具体目标】3~4岁：能用简单的线条和色彩大体画出自己想画的人物或事物。

四、课程目标

1.了解雪花的特征，并能用语言表达。

2.在活动中，幼儿通过撕、粘、拼、贴、涂等方法制作漂亮的雪花。

3.培养幼儿产生热爱大自然的情感，让幼儿在活动中体验到成功的快乐。

五、活动准备

PPT、雪花图案、颜料、胶水。

六、活动过程

【环节一】谈话导入，激发兴趣。

教师播放歌曲，让幼儿跟随好听的音乐一起开开心心地进教室。

师："寒冷的冬天到了，冬爷爷要来给你们送礼物了。请你们动动小脑筋想一想，冬爷爷会带来什么礼物呢？冬天来了，窗外忽然飘起了雪花，一片一片从天空中落下来。小朋友们，你们现在知道冬爷爷送给小朋友们的礼物是什么了吗？"（教师播放课件）

幼："雪花！"

【环节二】师生互动，让幼儿认识雪花的样子。

教师与幼儿共同欣赏雪花，在活动的过程中教师讲解。（通过播放课件，教师介绍冬天天气寒冷，下雪的时候幼儿可以堆雪人、打雪仗，帮助幼儿认识小雪花的形状。）

师："今天老师把小雪花邀请到了我们教室。老师变魔法，变变变！小雪花出现了吗？小雪花有几片'花瓣'？"

幼："有6片'花瓣'。"

【分析与解读】

在艺术活动中，教师通过引导幼儿说出雪花的形状，让幼儿大胆想象。

【环节三】教师示范，利用儿歌帮助幼儿掌握雪花的正确画法。

教师"变出"小刷子来引起幼儿的兴趣，在活动的过程中教师一边画，一边进行讲解。

师："今天老师邀请了一位好朋友来做客。小朋友们看，它有一排整齐的毛。我们可以用手握着它。它是谁呀？"

幼："是刷子。"

师："小小刷子手中拿，找到颜色做朋友，来来回回细细刷，我的本领可真大。"

教师示范刷子的用法，邀请一名幼儿上来进行练习。教师分享涂色的方法。

【分析与解读】

教师通过示范讲解，加深幼儿对工具和色彩的理解。

【环节四】教师指导幼儿操作，激发幼儿绘画兴趣。

幼儿自己操作，教师巡回指导。

师："我发现好多小朋友已经画完了。你喜欢谁的作品？为什么？"

幼："我喜欢他的作品，因为颜色是红色的。"

【分析与解读】

教师通过让幼儿大胆展示，锻炼了幼儿的艺术表现和创造能力，增强了对艺术活动的兴趣。

七、反思与调整

幼儿在撕、粘、涂、画等的过程中体会到快乐，掌握了基本的涂画技能。教师与幼儿沟通分享的过程中，有个别幼儿将颜色涂到轮廓外面。幼儿在用刷子的过程中，会将颜色不小心涂抹到身上。教师在引导幼儿涂色时，应尽可能地让幼儿读懂画面所要表达的信息。针对现场秩序混乱这一现象，教师要在以后的教学过程中多关注，正确引导幼儿。

041

活动三　科学领域：冰雪人

一、活动名称

冰雪人

二、活动对象

小班幼儿

三、《指南》目标

【领域】科学领域

【维度】科学探究

【目标2】具有初步的探究能力。

【具体目标】3~4岁：能用多种感官或动作去探究物体，关注动作所产生的结果。

四、活动目标

1. 知道水会结成冰。

2. 理解歌词内容，学念儿歌。

3. 喜欢玩游戏，感受游戏的有趣。

五、活动准备

冰的图片、冰雪人图片、冰雪人绘本故事。

六、活动过程

【环节一】图片导入，激发幼儿兴趣。

出示图片，引导幼儿了解冬天天气寒冷，水会结成冰。

师："你们看，这些透明的、细细长长的是什么？"

幼："是冰。"

师："冰是怎么形成的？"

幼："冰是水变的。"

师："水怎么样才能变成冰呢？我们一起看视频了解一下吧！"

【分析与解读】

冬天天气寒冷，室外温度低，水就容易结成冰。

【环节二】播放故事。

师："老师还为大家带来了一个故事。我们一起来看看冰有什么故事吧！"

【分析与解读】

教师通过本环节让幼儿了解水结成冰的过程，为下面的游戏环节做铺垫。

【环节三】游戏：冰雪人来了。

师："我们一起来听听《冰雪人》这首歌吧！我来扮演'冰雪人'，在中间站好，跟随音乐随意做动作，但是不能碰到小朋友哦。小朋友跟随音乐，边念儿歌，边四散跑，念到儿歌结尾时，'冰雪人'开始抓人，抓到谁，谁就被'冻住'，待在原地不能动。其他小朋友可以在'冰雪人'没发现的时候，用手拍'冻住'的同伴，帮他'解冻'。"

> **【分析与解读】**
> 用游戏的方式让幼儿在玩中学，在学中玩，更好地掌握知识。

七、反思与调整

在整个过程中，幼儿的积极性高，都想表现自己。幼儿也都能掌握本节课重点。在游戏活动中，大部分幼儿明白游戏规则，但个别幼儿没有听清楚规则。在之后的活动中，道具的问题还需要进一步整改。

中班周主题：我喜欢自己

活动一　语言领域：我喜欢自己

一、活动名称

我喜欢自己

二、活动对象

中班幼儿

三、《指南》目标

【领域】语言领域

【维度】阅读与书写准备

【目标2】具有初步的阅读理解能力。

【具体目标】4~5岁：能根据连续画面提供的信息，大致说出故事的情节。

四、活动目标

1. 通过观察绘本图片，大致了解绘本《我喜欢自己》的主要内容。

2. 猜测故事情节，根据画面大体说出小猪会做的事情。

3. 愿意展现自己的长处，喜欢自己，产生成就感和自豪感。

五、活动准备

经验准备：师幼已进行主题为"我的长处"的谈话活动。

材料准备：PPT。

六、活动过程

【环节一】图片导入。

师："小朋友们，今天老师为大家带来一本有趣的绘本。仔细看封面，上面有谁？它长什么样呢？你喜欢它吗？为什么？"

幼1："是小猪。"

幼2："圆圆的脑袋。"

幼3："细细的尾巴。"

师："它有一个非常要好的朋友，猜一猜，会是谁呢？"

师："是谁呀？"

幼："是它自己。"

师："为什么呢？它为什么会这么喜欢自己呢？让我们一起到绘本中找答案吧！"

【分析与解读】

教师引导幼儿观察封面，用问题引出主题，激发幼儿参与活动的兴趣。

【环节二】品读绘本，初步理解绘本内容。

了解绘本第一部分内容。

师："看，它在做什么？它骑车骑得怎么样？谁来完整地说一说？"

幼："骑车。"

幼："骑得很快很快。"

师："小猪还会做什么呢？它是怎么读书的？谁来试着说一说？"

幼："还会读书。"

师："还有呢？它在做什么？"

幼："洗脸、刷牙。"

师："它还喜欢自己的什么地方呢？尾巴是什么样的？肚子是什么样的？小脚又是什么样的？"

…………

了解绘本第二部分内容。

师："它怎么了？它会怎么做呢？谁试着完整地说一说？"

幼："它摔倒了。"

幼："然后它自己爬起来了。"

师："如果是你，你会怎么做呢？"

幼："如果我摔倒了，我也会自己爬起来。"

了解绘本第三部分。

师："不管我去哪里，不管做什么事，我都要做我自己，而且，我喜欢自己。你喜欢这样的小猪吗？为什么？"

幼："我非常喜欢这只小猪。"

【分析与解读】

教师巧设多样化的提问，引导幼儿有目的地观察，了解小猪喜欢自己的哪些方面。教师激发幼儿说的兴趣，创造幼儿说的空间。

【环节三】完整欣赏绘本。

师："故事的主人公是谁？它的好朋友是谁？它为什么喜欢自己？让我们来完整地欣赏一下这本绘本吧！"

幼："小猪。"

…………

师："它喜欢自己的哪些地方？它摔倒了，做错事会怎么做呢？"

幼："每次摔倒的时候，它会叫自己爬起来。每次做错事的时候，它会鼓励自己，试一次，再试一次。"

【分析与解读】

教师完整地讲述故事，让幼儿加深对故事的理解。教师提问故事内容，引导幼儿对故事进行梳理。

【环节四】击鼓传花，说说"我的长处"。

师："小朋友们，你喜欢自己吗？喜欢自己哪里？你有哪些长处？哪些地方你做得不太好呢？以后你要怎么做呢？"

幼："我喜欢自己。"

幼："我会自己穿衣服，洗袜子。"

··········

【分析与解读】

教师通过游戏，进一步引导幼儿正确认识自身，使其大胆地评价自我，愿意大胆表达自己的想法和观点。

【环节五】延伸环节。

师："小朋友们，让我们一起去美工区把你的长处画一画，回家和爸爸妈妈分享一下吧！"

融家园：分享我的长处。

融区角：在阅读区投放《了不起的我》等绘本；在美工区投放多种材料，让幼儿多角度创作；表演区投放小动物头饰。

融游戏：户外游戏——猜猜我是谁。

融环创：幼儿绘画故事内容，创作"我能干"主题版面。

【分析与解读】

教师多角度引导幼儿在说一说、画一画、演一演中认识自己、接纳自己，进一步锻炼幼儿的表现能力与语言表达能力。

七、反思与调整

幼儿参与活动的兴趣非常浓，能积极回答教师的问题。在幼儿讨论的这个环节，教师应该创设情境，让幼儿有更多的体验。教师应多看多学，优化以后的教学活动。

活动二　社会领域：我的小手真能干

一、活动名称

我的小手真能干

二、活动对象

中班幼儿

三、《指南》目标

【领域】社会领域

【维度】人际交往

【目标3】具有自尊、自信、自主的表现。

【具体目标】4~5岁：自己的事情尽量自己做，不愿意依赖别人。

四、活动目标

1. 说出手的不同本领，愿意分享交流。

2. 学习整理房间的简单方法，知道自己的事情自己做。

3. 喜欢为他人做事情，产生自豪感。

五、活动准备

经验准备：幼儿有猜谜语的经验。

材料准备：PPT。

六、活动过程

【环节一】谜语导入。

播放谜语音频。

师："今天，兔——带来一则谜语，让大家猜身体的一个部位，大家一起猜猜看。"

幼："手。"

【分析与解读】

教师播放谜语音频，鼓励幼儿大胆猜测。

【环节二】出示图片，深入感知。

教师出示图片"手的本领"。

师："你看到过大人们用手做什么？"

幼："做饭。"

师："你还见过叔叔阿姨用手做什么？"

幼："指挥交通。"

【分析与解读】

教师出示图片"手的本领"，引导幼儿初步了解手的不同作用。

【环节三】说说自己的小手。

教师引导幼儿说说自己的手可以做什么。

师："小朋友们也有一双灵巧的小手，你的小手可以干什么呢？"

幼："洗袜子。"

…………

【分析与解读】

教师引导幼儿说一说自己的手可以做什么，让幼儿体会到自己很能干。

【环节四】情景游戏：整理房间。

教师出示图片"兔——的家"，引导幼儿帮助兔——整理房间，学习整理物品的简单方法。

观察图片，讨论整理房间的方法。

师："兔——的房间怎么样？"

幼："非常乱。"

师："你有什么整理房间的好办法？"

幼："分别整理物品。"

幼儿操作课件，并说说自己如何帮助兔——整理房间，互相学习整理物品的简单方法。

师："谁来帮助兔——整理房间？"

幼："老师，我来。"

师："你会如何整理？"

幼："把衣服叠好，放进衣柜里。"

【分析与解读】

教师引导幼儿帮助兔——整理房间，学习整理物品的简单方法。

【环节五】巩固提升。

教师播放"兔——致谢"音频，鼓励幼儿大胆分享自己为别人做事的经验，感受帮助别人的自豪感。

师："因为大家帮助兔——整理房间，所以兔——要向小朋友致谢。我们一起听一听它说了什么吧！"

师："在大家的帮助下，兔——不仅学会了自己的事情自己做，还会帮助家里做家务。"

师："你为别人做过哪些事情？心情怎样？"

幼："我帮小朋友拉拉链。"

【分析与解读】

教师播放音频，鼓励幼儿大胆分享自己为别人做事的经验，感受帮助别人的自豪感。

【环节六】活动延伸。

请家长带领幼儿开展"生活小能手"家庭劳动活动，为幼儿提供整理自己房间的机会，学习衣物、图书等物品的整理方法，使其进一步提高劳动能力，感受家庭劳动的快乐，并拍照记录幼儿的表现，以便到园与同伴分享。

教师可以收集幼儿自我服务的照片，如叠被子、穿鞋袜、整理物品，布置成"我是生活小能手"区域，鼓励幼儿自己的事情自己做。

七、反思与调整

从幼儿的反应来看，他们对自己的手有哪些用处是非常了解的，而且能用语言来进行表达。在经验交流中，教师引导幼儿尝试用完整的语言进行大胆表述。考虑到集体教学时间有限，所以在区角活动中，教师又为幼儿提供了丰富的操作材料，让幼儿进一步开展操作活动，再次感受自己小手的能干，保证了活动的质量。

活动三 健康领域：我们去种花

一、活动名称

我们去种花

二、活动对象

中班幼儿

三、《指南》目标

【领域】健康领域

【维度】动作发展

【目标1】具有一定的平衡能力，动作协调、灵敏。

【具体目标】4~5岁：能助跑跨跳过一定距离，或助跑跨跳过一定高度的物体。

四、活动目标

1. 学习立定跳远的方法，掌握两脚同时起跳和轻巧落地的跳跃方法。
2. 增强幼儿的弹跳力以及身体的协调性，提高身体素质。
3. 喜欢参加体育活动，感受与同伴一起游戏的快乐。

五、活动准备

音乐、花朵若干、游戏场地布置。

六、活动过程

【环节一】热身运动。

师幼围成大圆圈站好。

师："今天小猪提了一个小篮子去种花，可有一条小河拦住了它的去路。这可怎么办呢？"

幼："游过去。"

师："游过去衣服就湿了呀，这么冷的天容易冻感冒吧！小朋友们想不想帮助小猪？我们先来做一下热身运动吧！"

【分析与解读】

教师创设情境激发幼儿兴趣，通过热身运动降低幼儿在活动中发生扭伤、拉伤等意外情况的风险。

【环节二】自主探索。

师："已经活动好身体了，现在我们一起去看看小猪，想想办法帮助它吧。"

（教师出示"小河"）

师："原来这就是拦住小猪的小河呀，可怎样过去呢？"

幼："跳过去。"

师："怎样跳呢？跳的时候一定要注意不要撞到其他人，也要注意保护自己，不要摔倒了。我们一起试一试吧！"

教师播放音乐，让幼儿探索。

【分析与解读】

幼儿自主探索过小河的方法，培养幼儿的思维想象和探索能力，锻炼幼儿大胆表现的能力。

【环节三】练习立定跳远。

师："刚才我发现有的小朋友是这样跳的，那我们一起来这样跳试试。先预备，腿弯曲，胳膊后摆蓄力，起跳的时候双脚一起跳起，落地时腿弯曲。现在我看看哪位小朋友学会这个本领了，请小朋友们试一试吧！"

幼儿练习时，教师巡回指导。

【分析与解读】

教师通过一次次的纠正和练习，使幼儿完全掌握立定跳远的技巧。

【环节四】我们去种花。

师："刚才小猪说它有点事要回家，需要我们帮它把花种上。你们愿意吗？"

幼："愿意。"

幼儿过"小河""草地"，钻"山洞"，种花。

师："小猪非常感谢你们的帮助。你们可真是乐于助人的好宝宝啊！"

【分析与解读】

教师让幼儿自己摸索过小路并帮助小猪种花，培养幼儿不怕困难的勇气，培养帮助小伙伴解决问题的耐心和友爱之心。

【环节五】放松运动。

师："这节课我们学会了什么？"

幼："帮助小猪种花。"

师："我们是怎样过'小河'的？"

幼："跳过去。"

师："是怎样跳的还记得吗？一起说一说。"

师："其实这种跳法有一个名字，叫立定跳远。今天我们学会了一个本领，叫立定跳远。现在我们来做一下放松运动吧！"

【分析与解读】

教师和幼儿一起总结，加强幼儿对技能的巩固。放松运动使幼儿肌肉得到放松，减缓疲劳。

七、反思与调整

"我们去种花"作为一节健康活动课，深受幼儿的喜欢，但幼儿在活动中并没有牢记规则意识。教师通过创设游戏化情境，让幼儿在游戏中学习立定跳远。这不仅可以锻炼幼儿的体能和毅力，而且可以提高幼儿的动作协调性和灵活性。

大班周主题：我喜欢

活动一　语言领域：我喜欢我

一、活动名称

我喜欢我

二、活动对象

大班幼儿

三、《指南》目标

【领域】语言领域

【维度】阅读和书写准备

【目标1】具有初步的阅读理解能力。

【具体目标】5~6岁：能说出所阅读的幼儿文学作品的主要内容。

四、活动目标

1. 喜欢阅读图书，能用较完整的话来表达自己对图画的认识。

2. 知道自己是独一无二的，每个人都有自己的长处，也有相应的不足。

3. 理解故事内容，记清主要情节，知道每个小动物的本领。

五、活动准备

PPT、视频。

六、活动过程

【环节一】谜语导入，引起幼儿的兴趣。

师："今天老师给大家带来了一个有趣的小谜语。大家仔细听——大眼睛，阔嘴巴，说起话来呱呱呱，游泳捉虫人人夸。"

幼："是青蛙。"

师："仔细观察图片，图上的青蛙一开始在干什么呀？"

幼："它在看水中的倒影。"

师："它怎么哭了呢？发生了什么事情？我们一起去听听故事《我喜欢我》到底讲了什么吧！"

【分析与解读】

教师组织幼儿猜谜语，激发幼儿的兴趣。幼儿通过观察图片，猜测小青蛙发生的事情。这能够激发幼儿的兴趣，引出故事。

【环节二】师生共读，了解故事内容。

师："青蛙在湖边遇到了谁？"

幼："野鸭。"

师："它们会说些什么呢？"

幼："野鸭会问小青蛙在干什么。"

师："野鸭离开后，青蛙心里是怎么想的呢？"

幼："青蛙也想学飞翔。"

师："青蛙学会飞翔了没有？"

幼："没有。"

师："为什么青蛙不能像野鸭一样飞翔呢？"

幼："因为青蛙没有翅膀。"

师："我想请小朋友发挥你的想象力，说一说青蛙没有学会飞翔，它可能会怎么办。"

幼1："青蛙很伤心，可能会去找妈妈。"

幼2："青蛙很伤心，可能会到商店去买翅膀。"

师："青蛙到底会怎么办呢？是不是和你们说的一样呢？我们一起来看下一幅图。它来找谁了？"

幼："小猪。"

师："青蛙很伤心，就去问小猪。小猪是怎么说的呢？"

幼："你要知道，青蛙是不会飞的。"

师："小猪说'我也不会飞'时是什么表情？"

幼："它在笑。"

师："小猪不会飞，为什么还在笑呢？"

幼1："因为小猪会做世界上最好吃的蛋糕。"

幼2："因为小猪很喜欢自己身上的粉红色。"

师："小猪很自信。当青蛙听了小猪的话之后，它又会去找谁呢？"

幼："山羊。"

师："青蛙又想学什么本领呢？"

幼："它想去借书，变得聪明些。"

师："它学得怎么样？青蛙把书打开，可是一个字也不认识，看了很久，它一点也没变聪明。"

师："青蛙把书还给山羊时说了些什么呢？"

幼1："我不会飞，不会烤蛋糕。"

幼2："我不认识字，什么都不会。"

师："小朋友说得可真好。"

师："既然青蛙什么都没学会，那么它后来为什么又会那么高兴呢？请你动动小脑筋想一想。"

幼1："因为它听了山羊的话。"

幼2："因为它知道自己会游泳，会跳跃。"

师："小朋友们说得可真好。我们一起来看看青蛙在河边干什么。"

幼："欣赏自己的倒影。"

师："从倒影中，它发现了些什么呢？"

幼："发现自己是一只穿花格子泳裤的绿青蛙。"

师："我们一起来看看这幅图上的青蛙，从它的表情中我们可以知道什么呢？"

幼："可以知道它很高兴。"

【分析与解读】

师生共读故事。教师引导幼儿观察画面内容，让幼儿看一看、说一说、猜一猜，初步了解故事内容，让幼儿大胆表达，为幼儿提供说和想的机会。

【环节三】完整欣赏故事。

教师引导幼儿完整欣赏故事。

【分析与解读】

通过观看故事视频的方式，吸引幼儿的注意力，进一步加深幼儿对故事的理解，让幼儿知道每个小动物都有自己的长处。

【环节四】故事创编。

师："小青蛙知道了自己的本领，会做些什么呢？"

幼1："捉害虫。"

幼2："玩弹跳游戏。"

【分析与解读】

故事创编让幼儿展开想象、自由表达，培养幼儿的想象力和创造力。

七、反思与调整

问题设置多采用开放式，能够引导幼儿开阔思维，充分表达，培养幼儿的语言表达能力。但问题设置过多，教师与幼儿的互动时间较长，导致整节活动时间过长。问题设置要数量适当。

活动二 社会领域：男孩女孩

一、活动名称

男孩女孩

二、活动对象

5~6岁全体幼儿

三、《指南》目标

【领域】社会领域

【维度】人际交往

【目标4】关心尊重他人。

【具体目标】5~6岁：接纳他人，能有礼貌地与人交往。

四、活动目标

1. 了解男孩、女孩的不同特征，建立性别意识。

2. 尊重自己和他人的性别，欣赏男孩、女孩的优秀品质。

3. 体验与异性同伴合作游戏的快乐。

五、活动准备

毛绒玩具、玩具车、课件、音乐等。

六、活动过程

【环节一】谈话导入，了解男孩和女孩外表的不同特征。

请幼儿按男女不同的标志，找到正确位置坐下，并交流自己的想法。

师："你为什么要坐在这边？"

幼1："因为我是小女生。"

幼2："因为我是小男生。"

师："男孩和女孩互相看一看、说一说，对方和自己有什么不一样的地方。"

幼1："女生是长头发，男生是短头发。"

幼2："女生穿裙子，男生穿裤子。"

【分析与解读】

通过讨论的形式，教师鼓励幼儿积极思考、大胆表达，了解男孩、女孩的不同特征，促进社会性情感的发展。同时，讨论丰富了幼儿语言表达的内容，为幼儿创设了温暖、关爱、平等的集体生活氛围。

【环节二】创设情景，了解男孩和女孩的喜好不同。

（1）出示各种物品。

师："请选择自己最喜欢的一个，放到相对应的男孩、女孩筐子里。"

（2）欣赏音乐《中国功夫》《茉莉花》。

师："请男孩、女孩根据自己喜欢的乐曲表演动作。"

【分析与解读】

幼儿通过动手操作、亲身体验，在与材料的相互作用过程中进行探索学习。通过分类、统计、歌舞表演的方法，教师让幼儿感受活动的乐趣，了解男孩和女孩喜好的不同。

【环节三】辩论赛，鼓励幼儿大胆表达自己与他人的优点。

（1）教师介绍规则，教师说出辩题一：男孩和女孩谁的本领大。

师："一队说完，另一队的小朋友再说。"

（2）幼儿辩论，教师记录（男孩、女孩图片上贴"笑脸"）。

幼1："女生跳舞很好看。"

幼2："男生力气大。"

幼3："女生画画好看，唱歌好听。"

幼4："男生踢球厉害。"

幼5："女生会整理物品。"

（3）教师说出辩题二：你最欣赏咱们班的谁？你为什么欣赏他？

幼1："我最欣赏小冉，因为她唱歌好听。"

幼2："我最欣赏小希，因为她跳舞跳得好看，学习也好。"

幼3："我最欣赏小凡，因为他长得帅，认识的字多。"

【分析与解读】

本环节通过幼儿之间互相辩论，活跃了幼儿的思维，有利于幼儿获得新知识，也有利于培养幼儿的口语表达能力。

【环节四】合作游戏拍气球活动，体验与异性同伴合作游戏的快乐。

师："游戏时男孩站前面，女孩把气球系在腰上并拉住男孩。男孩去拍其他小女孩身后的气球。同时，男孩注意保护女孩，不让别人把女孩身后的气球拍破，拍破的停止游戏。"

【分析与解读】

幼儿在合作游戏中积累社会交往经验。本环节贴近幼儿生活，让幼儿感受同伴间的互助，体验与异性同伴合作游戏的快乐。

【环节五】活动延伸

美工区：独一无二的自己、我的梦想。男孩和女孩越来越了解自己，喜欢自己。

科学区：男孩、女孩人数大统计。

亲子活动：我的家庭成员。

健康活动：我们的身体。男孩和女孩的身体是不一样的，都是独立个体，是独一无二的，要保护好自己的身体。

阅读区：通过绘本阅读，幼儿发现自己与他人的不同之处。

七、反思与调整

整节活动采用辩论、游戏等幼儿感兴趣的多样化活动形式，引导幼儿在游戏中了解男孩、女孩的不同特征，建立性别意识。大班孩子不仅从外部特征、喜好、性格方面认识了自己和同伴的区别，更从游戏中体会到自己与他人的性别差异，发现了同伴间值得学习的长处。

教师和家长要了解不同性别幼儿的特点，根据不同的需求有针对性地教育，使男孩、女孩得到最优发展。基于幼儿特点和发展差异，教师要放大每一个幼儿在专属性别里的优点，同时鼓励幼儿相互尊重、相互学习。

不足之处是，在辩论的过程中，由于辩论得比较激烈，场面略微混乱。教师应强调游戏规则，让幼儿清楚游戏规则，帮助幼儿树立良好的规则意识。

活动三 艺术领域：唱唱我的名字

一、活动名称

唱唱我的名字

二、活动对象

5~6岁全体幼儿

三、《指南》目标

【领域】艺术领域

【维度】表现与创造

【目标1】喜欢进行艺术活动并大胆表现。

【具体目标】5~6岁：积极参与艺术活动，有自己比较喜欢的活动形式。

四、活动目标

1. 能用好听的声音演唱歌曲，唱准高音部分。

2. 在唱自己名字的过程中产生对自己名字的自豪感，体验与同伴演唱的愉快。

3. 幼儿能根据歌曲的情绪特点，创编有趣的动作，自由地表现歌曲。

五、活动准备

与歌曲内容相关的课件、歌曲图谱、音乐。

六、活动过程

【环节一】谈话导入。

师："小朋友们，今天我们班里要来两位重要的小客人，让我们一起欢迎他们的到来吧！想一想我们用什么方式来欢迎他们呢？"

幼："我们可以唱歌欢迎他们。"

师："小朋友们，让我们一起来边听音乐边拍手，欢迎小客人们登场吧！"（有节奏地拍手欢迎）

幼："欢迎你们！"

【分析与解读】

通过谈话导入，教师能够很好地让幼儿进入状态，活跃幼儿的思维。

【环节二】结合课件，感知并理解歌曲。

（1）结合课件和歌曲图谱，理解歌词，进一步感受歌曲表达的情感。

（2）播放课件，引出歌词内容。

教师播放汤米演唱的部分，引导幼儿通过打招呼练习歌词节奏。

师："还有一位小客人，她叫什么名字？小客人们用怎样的方式来介绍自己？"

（3）完整地欣赏歌曲，进一步感受歌曲所表达的情感。

师："汤米和杰西卡小朋友要进行合作演唱，请小朋友们仔细听，这两个小朋友唱得最多的是哪些字。"

幼："两个小朋友唱得最多的字是'米'和'卡'，这两个字也是他们名字的最后一个字。"

师："他们的歌声听起来是怎么样的？用演唱的形式向伙伴们介绍自己的名字时他们的心情是什么样的呢？"

幼："开心、高兴、激动。"

【分析与解读】

幼儿通过欣赏音乐，来感知歌曲表达的情感。PPT和歌曲图谱能够更好地帮助幼儿理解歌词，激发幼儿的兴趣。

【环节三】结合歌曲图谱，快乐教学，引导幼儿演唱歌曲。

教师指导演唱歌曲，幼儿跟唱，结合歌曲图谱练习高音的部分和接唱的部分。教师边指图谱，边引导幼儿进行演唱。

（1）练习歌曲中两个高音的地方，教师引导幼儿用好听且自然的声音唱准高音部分，解决歌曲难点部分。

师："请想一想，这个气球为什么飞得那么高？还有哪些气球是飞高的？它和前面飞高的小气球有什么不同？我们应该怎样去演唱歌曲呢？唱完'卡'这个字之后唱的是什么字？"

幼儿反复练习歌曲，能自然地接唱歌曲。

（2）幼儿自行演唱歌曲，表现歌曲喜悦的情绪，教师鼓励幼儿在欢快的演唱中创编舞蹈动作。

【分析与解读】

通过歌曲图谱学习歌曲，幼儿的好奇心被激发。

【环节四】尝试创编动作，添名字演唱。

（1）引导幼儿自由创编舞蹈动作，请全体幼儿自由表演。

师："小朋友们，你们想用什么样的动作来表达欢乐的情绪呢？"

幼："跳一跳，拍拍手。"

（2）把名字加到歌曲中。

师："小朋友们，你们想不想把自己的名字加到歌曲中来？"

幼："想！"

（3）课件播放幼儿照片，玩"我来唱一唱"的游戏，体验唱自己和同伴名字的乐趣。

游戏规则：当课件中播放幼儿的照片时，幼儿一起倒数：3、2、1、名字。停止播放时，屏幕上会出现两名幼儿的照片，请幼儿说出他们的名字，一起来唱一唱他们的名字。

师："大家在唱你的名字时，你的心情是怎样的？"

幼："我很高兴，很骄傲。"

（4）玩"我的好朋友"的游戏，接唱朋友的名字，感知游戏的乐趣。

游戏规则：教师指定一名幼儿站起来唱自己的名字，并跟随音乐边唱边拍手。音乐停，这名幼儿站到另一名幼儿面前。幼儿交换位置后继续游戏。

【分析与解读】

幼儿通过自由地创编舞蹈动作，锻炼想象力和创造力。教师通过播放图片和组织游戏激发幼儿的兴趣，让幼儿能够带着欢乐的情绪来演唱歌曲。

【环节五】活动延伸

回家后，幼儿和父母一起来玩"我的好朋友"的游戏。

【分析与解读】

教师让幼儿回家后和父母一起玩游戏，能够增进亲子关系和谐，建立家园联系。

七、反思与调整

欣赏歌曲能够丰富幼儿的情感。教师让幼儿把自己的名字加入歌曲中，能够激发幼儿的兴趣。教师结合歌曲图谱引导幼儿练习，能够很好地帮助幼儿理解歌曲，调动幼儿的积极性。教师让幼儿自由地创编舞蹈动作，锻炼了幼儿的想象力和创造力。但由于一些环节过于复杂，导致个别幼儿在学习过程中遇到了一些困难。教师应调整过于复杂的环节，降低难度；设计多种多样的游戏，来激发幼儿的兴趣。教师应抓住幼儿的兴趣点，仔细观察幼儿的表现，及时调整，让每名幼儿都能够快乐地学习歌曲，感受音乐的美。

第二节　童趣探究课程

小班周主题：幼儿园里真欢乐

活动一　语言领域：我的玩具宝贝

一、活动名称

我的玩具宝贝

二、活动对象

3~4岁幼儿

三、《指南》目标

【领域】语言领域

【维度】倾听与表达

【目标】愿意讲话并能清楚地表达。

【具体目标】3~4岁：幼儿愿意在熟悉的人面前说话，能大方地与人打招呼。

四、活动目标

1. 学习用简单的语句介绍自己最喜欢的玩具名称及玩法。

2. 学习与同伴分享玩具，体验分享的快乐。

3. 愿意与同伴、教师互动，喜欢表达自己的想法。

五、活动准备

幼儿自带的玩具。

六、活动过程

【环节一】教师引出话题。

师："小朋友，今天老师把自己的玩具伙伴带来了。看这是什么？"

幼："玩具熊。"

师："我的小熊有圆圆的头、黑色的眼睛，还穿着一件黄色的漂亮裙子。"

【分析与解读】

教师通过谈话导入课题，引起幼儿兴趣。

【环节二】幼儿介绍玩具。

师："下面请小朋友来给介绍一下自己的玩具，并用简短的句子来说说最喜欢这个玩具的原因。小朋友在介绍玩具时一定要先告诉大家它的名字，它可以怎样玩，再说说为什么最喜欢它。"

幼1："这是我的饮水机，它可以接水。"

幼2："这是我的小火车，它是红色的，可以拉小动物。"

幼3："这是我的钓鱼玩具，可以钓小鱼。"

幼4："这是我的积木。它很好玩。"

师："今天小朋友都带来了自己最喜欢的玩具，并把它介绍给了大家，有毛绒玩偶，有变形的小汽车，还有木头做的积木，小朋友们介绍得都很棒。"

【分析与解读】

幼儿通过介绍自己的玩具，锻炼了口语表达能力。

【环节三】分享玩具。

1.幼儿分享玩具。

师："今天每个人都带了玩具。你想不想和好朋友一起玩呀？"

幼:"想。"

师:"现在请你帮助自己的宝贝玩具找找新朋友。大家一起玩耍。"

2. 教师小结。

教师出示幼儿一起玩玩具的照片。

师:"老师看到小朋友们都笑开了花。你们觉得分享玩具快乐吗?"

幼:"老师,我觉得特别快乐!"

【分析与解读】

幼儿和好朋友一起玩玩具,感受一起玩玩具的快乐。

七、反思与调整

本次活动中,幼儿能够把自己最喜欢的玩具分享给其他小朋友,在分享的过程中体会到一起玩玩具的快乐,并且懂得在玩的时候要爱护好自己和他人的玩具。小班幼儿在家时多以自我为中心,有很多幼儿不愿意分享自己玩具,会出现争抢玩具的情况。教师要用表扬、奖励的方式,鼓励小朋友们感受分享的快乐,使他们产生分享的意愿。

活动二 社会领域:我的小标志

一、活动名称

我的小标志

二、活动对象

3~4岁幼儿

三、《指南》目标

【领域】社会领域

【维度】社会适应

【目标】遵守基本的行为规范。

【具体目标】3~4岁:幼儿在提醒下,能遵守游戏和公共场所的规则。

四、活动目标

1. 认识并喜欢自己的标志，能较快地找到它。

2. 对属于自己的新物品产生亲切感。

五、活动准备

幼儿自己的卡通标志贴纸。

六、活动过程

【环节一】认识自己的图标。

教师出示幼儿的图标图片，让幼儿回忆自己的图标，并能指认出来。

师："你们还认识这些图标吗？"

幼："认识。"

师："那请你们来认领一下自己的图标，看看谁找得快。"

【分析与解读】

幼儿进一步熟悉自己的图标，进入活动主题。

【环节二】教师核对图标上的姓名，对于说对的幼儿给予贴纸奖励，幼儿说错的教师可给予一定的提示。

师："这个长耳朵、短尾巴、走路一跳一跳的小动物，是什么动物呀？"

幼："小兔子。"

师："那这是谁的图标啊？"

幼："我的。"

师："老师看看名字，确实是毛毛的。你好棒呀。"

师："这个是谁的呢？没有人认领吗？这个上面是一只蓝色的海豚。"

幼："我的。"

师："是小修的呀！小朋友们都好棒呀，都能认出自己的标志。"

> **【分析与解读】**
> 幼儿通过对自己图标的描述,发展语言表达能力和观察力。

【环节三】介绍生活用品使用规则。

师:"在幼儿园里,每个人都要使用自己的水杯、小床、衣橱等。你们知道为什么吗?"

幼1:"这样更卫生。"

幼2:"用自己的不会传染病菌。"

幼3:"可以找到自己的东西。"

师:"小朋友们说得都很好。我们用自己的水杯喝水可以减少病菌的传染。这样也更加卫生,有利于我们的健康。"

师:"那现在老师要请小朋友去找找自己专用的用品在哪里,看谁找得又对又快。"

教师让幼儿找到自己的水杯、小床、衣橱等。幼儿在寻找中,教师可提醒幼儿看看自己的图标旁边是哪些图标,丰富幼儿表述方位的词汇和语句。

师:"请找到图标的小朋友看一看你的图标旁边是什么图标。"

幼1:"老师,我的旁边是一只大恐龙的图标。"

幼2:"老师,我的旁边是一只小兔子。"

师:"小朋友都好厉害啊,那请小朋友看看你的水杯上面和下面都是谁的照片。能不能认出来?"

幼1:"老师,我的上面是小凝的照片。"

幼2:"老师,我的下面是小群的照片。"

师:"小朋友都好厉害,好像有孙悟空的火眼金睛。"

> **【分析与解读】**
> 在找一找、说一说的过程中,教师引导幼儿了解生活用品的使用规则,如不能随便乱动别人的东西。

【环节四】活动延伸

在喝水、睡觉时，教师提醒并帮助幼儿根据标志寻找自己的水杯，在自己小床上睡觉，以便加深记忆。

师："那从今天开始，喝水时请小朋友们根据标志去找到自己的水杯喝水，午睡时找到自己的床睡觉，好不好？"

幼："好！"

【分析与解读】

通过一日生活各环节的练习，幼儿进一步熟悉自己的物品。

七、反思与调整

整个活动中，幼儿的兴趣一直很浓，积极性很高。幼儿在看一看、说一说、议一议、玩一玩的过程中，不断寻找、发现、观察。不足之处在于，活动缺少游戏化情景，导致幼儿注意力集中的时间比较短暂。

【改进措施】

优化课件内容，增加游戏化情境，增强趣味性和生动性，提高幼儿的参与性。

活动三 健康领域：我走你也走

一、活动名称

我走你也走

二、活动对象

3~4岁幼儿

三、《指南》目标

【领域】健康领域

【维度】动作发展

【目标1】具有一定的平衡能力，动作协调、灵活。

【具体目标】3~4岁：能沿地面或在较窄的低矮物体上直线走一段距离。

四、活动目标

1. 练习在指定范围内拖着物体四处走动。

2. 初步懂得游戏时应遵守游戏规则。

五、活动准备

系着绳子的拖拉机玩具。

六、活动过程

【环节一】出示拖拉玩具，谈话导入。

教师出示拖拉玩具，引起幼儿的兴趣。

师："小朋友们，老师今天带来了一个新朋友。你们看是什么？"

幼："拖拉机玩具。"

师："对了，拖拉机玩具想和小朋友一起来玩游戏。你们欢迎吗？"

幼："欢迎。"

【分析与解读】

教师通过出示拖拉机玩具，谈话导入，引起幼儿的兴趣。

【环节二】教师讲解活动规则。

师："老师今天要跟小朋友和拖拉机玩具做一个好玩的游戏！请小朋友竖起你的小耳朵，仔细地听游戏玩法。这个游戏需要小朋友一边听老师的儿歌，一边跟着儿歌学做动作。你们准备好了吗？"

幼："准备好了。"

师："下面请大家仔细听。'快乐宝贝走走走，你走我也走'，小朋友们就要跟着老师一起走走走；'快乐宝贝跑跑跑，你跑我也跑'，小朋友们，下面我们该做什么动作了？"

幼："跑！"

师："对了，我们就要一起跑起来！快乐宝贝，嘘——我停你也停。小朋友们看老师做出'嘘'这个动作时就要停下所有的动作，不要走也不要跑了，要安静。现在小朋友们知道怎样跟着儿歌做动作了吧？跟着老师一起做一遍'嘘'的动作试试吧？"

师幼："嘘！"

> **【分析与解读】**
> 幼儿学习游戏规则，边学儿歌，边做动作，可以更好地进入游戏情境。

【环节三】组织幼儿做游戏。

师："小朋友们都很厉害呢！下面我们一起说说儿歌。"

师幼："快乐宝贝走走走，我走你也走；快乐宝贝跑跑跑，我跑你也跑；快乐宝贝，嘘——我停你也停。"

师："现在请小朋友去拿一个玩具，我们边说儿歌边拖着玩具做游戏，在游戏中别忘了要根据儿歌内容拖着玩具做走、跑、停的动作。"

幼："好！"

> **【分析与解读】**
> 幼儿边说儿歌，边和玩具做游戏，体验游戏的乐趣。

七、反思与调整

小班幼儿的特点是活泼好动，对新鲜事物有较强的好奇心。针对幼儿这一特征，教师选用幼儿喜欢的玩具作为教具。幼儿在有趣的情节中积极主动地投入游戏，既锻炼了体能，发展了平衡能力，又建立了规则意识。活动中部分幼儿倾听规则时注意力不集中，导致后面参与游戏时胡乱走，还出现争抢玩具的情况，比较混乱。教师要优化课件内容，针对出现的问题做出调整，日常活动中多锻炼幼儿的倾听能力及遵守规则的意识。

中班周主题：飞机大冒险

活动一 科学领域：纸杯飞机

一、活动名称

纸杯飞机

二、活动对象

4~5岁幼儿

三、《指南》目标

【领域】科学领域

【维度】科学探究

【目标1】亲近自然，喜欢探究。

【具体目标】4~5岁：幼儿能感知和发现简单的物理现象，如物体形态或位置变化等。

四、活动目标

1. 初步了解纸杯飞机飞行与空气流动的关系。

2. 能自己动手制作简单的纸杯飞机。

3. 体验纸杯游戏带来的乐趣。

五、活动准备

纸杯若干，胶带、橡皮筋若干。

六、活动过程

【环节一】飞机模型导入。

师："小朋友们，今天老师给大家带来了一种空中的交通工具模型。小朋友看，它是什么？"

幼："飞机。"

师："你知道飞机为什么能在天上飞行呢？"

幼1："因为飞机有翅膀。"

幼2："因为它有魔力。"

师："由于机翼上下侧的形状是不一样，在同样的时间内，机翼上侧的空气比下侧的空气经过了较多的路程（曲线长于直线），也就是说，机翼上侧的空气流动得比下侧的空气快。根据流动力学的原理，当飞机滑动时，机翼上侧的空气压力要小于下侧，这就使飞机产生了一个向上的浮力。当飞机滑行到一定速度时，这个浮力就产生了足以使飞机飞起来的力量。于是，飞机就上了天。"

【分析与解读】

教师导入飞机模型，激发幼儿的兴趣。

【环节二】自制纸杯飞机。

师："今天老师带来了纸杯。小朋友们想不想自己动手制作一个纸杯飞机呢？"

幼："想。"

师："首先用胶带将两个纸杯底面贴着底面地粘在一起，然后把四根橡皮筋连接在一起。之后，将纸杯横放，再从内向外地拉长橡皮筋，缠绕纸杯中间。小朋友都学会了吗？现在动手制作一个吧！"

【分析与解读】

幼儿动手制作纸杯飞机，既锻炼了动手操作能力和手指灵活性，也提高了参与积极性。

【环节三】玩纸杯飞机。

师："纸杯飞机已经做好了，我们一起出去玩一玩吧！我们将纸杯横放，从内向外地拉长橡皮筋，缠绕纸杯中间。然后，用力向后拉，瞄准斜上方，迅速松手。"

幼儿分组进行尝试。

师："纸杯在空中高速旋转，就像足球在空中高速旋转改变轨迹一样，用旋转影响了周围的气流，从而达到滞空的效果。在空中旋转的过程中，纸杯飞机的上、下部分会产生一定的气流压差，一般来说下方的气压要大于上方的气压。正因如此，纸杯飞机在下降的过程当中会慢慢降速，所以这种纸杯飞机就可以缓缓地向前滑行了。"

【分析与解读】

幼儿通过亲身体验感知和发现简单的物理现象，初步了解纸杯飞机飞行与空气流动的关系。

七、反思与调整

本次活动根据幼儿已有经验设计科学合理的活动。游戏设计建立在幼儿的兴趣之上，让幼儿在游戏中感知和发现简单的物理现象，初步了解纸杯飞机飞行与空气流动的关系。同时，教师注重材料的互动性，让幼儿在玩中做，在玩中学。但幼儿在动手制作过程中，因为手指灵活性和小肌肉力量不足，教师要提供更多的帮助。日常生活中，教师应注重锻炼幼儿手指的灵活性，鼓励幼儿大胆使用各种工具。

活动二 语言领域：小熊乘飞机

一、活动名称

小熊乘飞机

二、活动对象

4~5岁幼儿

三、指南目标

【领域】语言领域

【维度】倾听与表达

【目标2】愿意讲话并能清楚地表达。

【具体目标】4~5岁：幼儿讲述比较连贯，愿意表达自己的需要和想法，必要时能配以手势动作。

四、活动目标

1. 了解乘飞机的过程，初步感知乘飞机的安全常识。

2. 能正确排列关于登机顺序的图片，并按顺序完整地讲述登机的过程。

五、活动准备

《小熊乘飞机》故事音频及图片。

六、活动过程

【环节一】谈话导入。

师："你乘坐过飞机吗？"

幼1："坐过。"

幼2："没坐过。"

师："我们需要到哪里乘坐飞机？"

幼1："要到飞机场乘坐飞机。"

幼2："要到远的地方乘坐飞机。"

幼3："要到大广场乘坐飞机。"

师："乘坐飞机的感受是什么？"

幼1："坐飞机感觉好高。"

幼2："坐飞机感觉好快。"

【分析与解读】

教师请有乘机经验的幼儿说说自己的体会。飞机是空中交通工具，要乘飞机必须去机场。

【环节二】分段播放《小熊乘飞机》故事音频并展示图片。

1. 播放《小熊乘飞机》故事音频及图片第一、二段。

师："熊爸爸在外地工作，熊妈妈要带着熊宝宝乘坐飞机到外地看望熊爸爸。我们听一听，故事里的小熊是如何乘坐飞机的？"

师："熊妈妈把机票换成了什么？"

幼1："卡片。"

幼2："登飞机的卡片。"

幼3："登机卡。"

师："小象把行李放到了哪里？"

幼1："小象把行李放到了长带子上。"

幼2"小象把行李放到了传送带子上。"

小结：小熊去机场乘坐飞机，先要把机票换成登机卡，把行李交给机场服务人员，然后接受安检后登机。

2. 播放《小熊乘飞机》故事音频并展示图片第三段。

师："飞机起飞了，熊妈妈和小熊的腰上系了什么？"

幼1："安全带。"

师："为什么要系安全带？"

幼1："为了安全。"

幼2："飞机飞得太快。"

小结：飞机起飞和降落时速度快、飞行过程中遇到风等原因会造成飞机颠簸、倾斜，所以乘客要系上安全带，防止撞伤。

3. 播放《小熊乘飞机》故事音频并展示图片第四段。

师："熊宝宝去洗手间想弄明白什么？"

幼1："小熊好奇自己的小便到哪里去了。"

幼2："它好奇小便会不会掉到行人的头上。"

师："飞机上的小便到底到哪里去了呢？"

幼1："让风吹干了。"

幼2："让风吹跑了。"

4. 播放《小熊乘飞机》故事音频并展示图片第五、六段。

师："小熊觉得坐飞机怎么样？"

幼1："太开心了。"

幼2："好舒服。"

幼3："太刺激了。"

【分析与解读】

教师引导幼儿了解登机的流程。

【环节三】播放《小熊乘飞机》故事视频。

师："听完这个故事，你能说说应该怎样乘坐飞机吗？"

幼1："系好安全带。"

幼2："不吵不闹。"

幼3："换成登机卡。"

幼4："去传送带那里取行李。"

小结：原来乘飞机前要做很多事：首先要把机票换成登机卡，然后把行李交给机场工作人员，最后通过安全检查后才能登机。小熊觉得乘飞机真开心，因为飞机上有好吃的、好喝的，还可以看书或者睡觉。下飞机时别忘记去传送带那里取行李。

【环节四】发放教具，鼓励幼儿分小组讲述故事。

师："请根据乘机流程摆放卡片，并和同伴一起说一说这个故事。"

【分析与解读】

教师引导幼儿巩固乘机流程，然后发放教具，鼓励幼儿分小组讲述故事。

【环节五】活动延伸

教师在角色区创设"飞机场"情境，引导幼儿玩"乘飞机"的游戏。

教师收集乘飞机的宣传图片，放在语言区，引导幼儿讲述、交流。

七、反思与调整

在整个活动中，教师依据幼儿的学习规律和年龄特点，由浅入深，层层递进，选择贴近幼儿生活经验的内容及形式。幼儿观察有一定顺序和具体意义的形象生动的单页画面，了解故事内容。教师调动起幼儿感官探索的积极性，既吸引了幼儿的注意，也为活动增添了一份游戏性。由于幼儿年龄较小，课程环节涉及问题较多，导致稍微有些超时。教师应细化故事中问题的设计与提问，增加趣味性、游戏性与探索性；鼓励与肯定幼儿在游戏中的积极表现，增强幼儿的自信心，让幼儿懂得乘飞机的基本常识和注意事项，理解图画信息所表达的意思，大胆讲述，帮助幼儿体验和理解图画内容，尝试讲清简单的事情。

活动三　艺术领域：纸飞机

一、活动名称

纸飞机

二、活动对象

4~5岁幼儿

三、指南目标

【领域】艺术领域

【维度】表现与创造

【目标1】喜欢进行艺术活动并大胆表现。

【具体目标】4~5岁：经常用绘画、捏泥、手工制作等多种方式表达自己的所见所想。

四、活动目标

1. 引导幼儿学会四角向中心折、沿中心线对折等方法折飞机。
2. 学习看图折纸，培养手指动作的灵活性。
3. 培养幼儿对空间的知觉，引导幼儿养成认真做事的习惯。

五、活动准备

正方形纸。

六、活动过程

【环节一】出示图片，引起兴趣。

教师出示各种各样的飞机造型图片，与幼儿一起欣赏。

师："这是什么飞机？"

幼："直升机。"

师："这是什么飞机？"

幼："货机。"

师："这是什么飞机？"

幼："客机。"

师："这是什么飞机？"

幼："战斗机。"

【分析与解读】

幼儿认识不同类型的飞机，产生对飞机的兴趣。

【环节二】教师拿出范例纸飞机。

师："你们看这是一架用什么做的飞机？"

幼："纸。"

师："现在请小朋友来玩一玩纸飞机。你们觉得有趣吗？想不想和老师一起做一架属于自己的飞机？"

幼："想。"（幼儿自由地玩飞机）

【分析与解读】

教师让幼儿在玩一玩、看一看的过程中感受飞机的有趣，萌发创作的兴趣。

【环节三】教师示范折法，教幼儿折纸飞机。

1. 教师示范折纸飞机。

师："小朋友，让我们一起来学习一下如何折纸飞机。"

幼："好。"

师："准备一张长方形纸，对折压平。展开后找到中间线。找到一条短边上的两个角，向中线折。找到飞机尖尖的一个角，向它对面的一条边对折并压平，露出一个尖尖的小角。找到这个尖尖角，再对折一点点并压平，露出一个尖尖小角。"

师："找到中线，对折，飞机的翅膀合上了。用手捏着飞机的尖头，两个翅膀向下折并压平，飞机就折好了。你们学会了吗？让我们动手试试吧！"

2. 幼儿自主选择彩色纸折纸飞机，教师巡视指导。

【分析与解读】

教师引导幼儿动手操作，让幼儿学会折飞机，培养幼儿手指动作的灵活性。

【环节四】户外游戏：飞机起飞了。

教师带领幼儿去户外放飞自己折的纸飞机。

师："你们准备好了吗？我们的飞机要起飞了。"

幼："准备好了。"

师："让我们比一比，看看谁的飞机飞得最高、最远！"

七、反思与调整

本次活动让幼儿学会折纸飞机，并在玩中做，在玩中学。幼儿动手折纸飞机的过程中，两个角向中线折比较难。有的幼儿需要同伴的帮忙。日常生活中，教师应让幼儿多练习折纸，提高手指灵活性，注重活动的游戏性，让幼儿在游戏中学习。

大班周主题：幸福时光

活动一 语言领域：我妈妈

一、活动名称

我妈妈

二、活动对象

5~6岁幼儿

三、指南目标

【领域】语言领域

【维度】阅读与书写准备

【目标1】喜欢听故事，看图书。

【具体目标】5~6岁：喜欢和他人一起谈论图书和故事的有关内容。

四、活动目标

1. 引导幼儿仔细观察图片，并结合生活经验大胆讲述自己对故事的理解。

2. 尝试用形象生动的语言讲述妈妈的特征，用"我妈妈像……"的句式大胆表达自己的想法。

3. 理解生活中妈妈的爱，萌发爱妈妈的情感。

五、活动准备

幼儿准备：能认识并说出生活中常见的角色名称。

教师准备：《我妈妈》PPT。

六、活动过程

【环节一】谈话导入，激发探索兴趣。

师："每个小朋友都有自己的妈妈。你们的妈妈是什么样的，能和大家说说吗？"

幼1："我的妈妈很漂亮。"

幼2："我的妈妈有黄色的头发。她很爱我。"

师："今天老师就准备给大家介绍一位妈妈——安东尼的妈妈。她是一位怎样的妈妈呢？我们一起来看一看。"

【分析与解读】

教师引导幼儿尝试用形象生动的语言讲述妈妈的特征，培养幼儿的语言表达能力。

【环节二】观察图画，解读妈妈。

师："你认为他的妈妈有什么本领？你从哪里看出来的？"

幼1："我在第一幅图片里看到他的妈妈是一个厨师，会做好吃的。"

幼2："我在第二幅图片里看到他的妈妈是一个杂技演员，会表演杂技。"

幼3："我在第四幅图片里看到他的妈妈很有力气，拿着好多东西。"

师："你喜欢有这样的妈妈吗？妈妈还有更棒的本领呢！"

幼："喜欢。"

师："小朋友，现在看看妈妈又变成什么了？你觉得这样的妈妈棒不棒？"

幼1："妈妈变成园丁了！哇，又变成舞蹈家了！"

幼2："棒。"

师："小朋友，小男孩喜欢自己的妈妈吗？他会对自己的妈妈说什么？"

幼1："喜欢。"

幼2："妈妈，我爱你！"

幼3："妈妈，你辛苦啦！"

【分析与解读】

幼儿初步理解故事内容，发展观察能力与阅读理解能力。

【环节三】倾听故事，感受妈妈。

教师边播放PPT，边完整地讲故事。

师："故事讲到这儿，谁来说说安东尼的妈妈是个什么样的妈妈啊？大胆发言，老师相信你们会说得很好！"

幼1："他的妈妈是一个很棒的厨师，还是一个画家。"

幼2："他的妈妈是一个杂技演员，还是一个舞蹈家，而且很有力气。"

幼3："他的妈妈是一个歌唱家，而且像蝴蝶一样美丽。"

幼4："他的妈妈是一个超人，有时候像小猫咪一样温柔。"

【分析与解读】

幼儿通过仔细观察图片，结合生活经验大胆讲述自己对故事的理解，发展了语言表达能力。

【环节四】夸夸我的妈妈。

师："故事里的妈妈会做什么？她像什么？"

幼1："他的妈妈会表演杂技，像一个杂技演员。"

幼2："他的妈妈会跳舞，像一个舞蹈家。" .

师："你的妈妈会做什么呢？她又像什么呢？来夸夸你的妈妈吧！"

幼1："我的妈妈会唱歌，像一个歌唱家。"

幼2："我的妈妈会做饭，像一个厨师。"

幼3："我的妈妈会画画，像一个画家。"

【分析与解读】

教师引导幼儿用"我妈妈像……"的句式大胆表达自己的想法，理解生活中妈妈对自己的爱，萌发爱妈妈的情感，发展幼儿的语言表达能力。

【环节五】家园共育，将活动延伸到家庭中。

师："今天我们一起学习了《我妈妈》，大家回家后大胆地向妈妈表达自己的爱意吧！你们可以将小视频和图片发到班级群里与大家一起分享。"

【分析与解读】

教师让幼儿体验亲子活动的乐趣，懂得怎样爱妈妈。

七、反思与调整

绘本描绘了幼儿心目中无所不能的妈妈，用对比的方式形容妈妈的各个方面，比如，说妈妈的歌声像天使，吼叫起来像狮子；或者说妈妈像猫咪一样柔软，又像犀牛一样强硬。此外，《我妈妈》还使用比喻手法，说妈妈美丽得像蝴蝶，柔软得像沙发……语言精妙，意境优美，情感真挚。对于大班幼儿来说，真正地了解一个人、认识一个人，真的很难。部分幼儿只看到了妈妈的另一面，如生气的妈妈、唠叨的妈妈，甚至讨厌的妈妈。幼儿可以通过帮助妈妈做家务，体会妈妈的辛苦；通过亲子游戏体验妈妈对自己的爱。

活动二　艺术领域：风儿找妈妈

一、活动名称

风儿找妈妈

二、活动对象

5~6岁幼儿

三、指南目标

【领域】艺术领域

【维度】表现与创造

【目标2】具有初步的艺术表现与创造能力。

【具体目标】5~6岁：能用基本准确的节奏和音调唱歌。

四、活动目标

1. 学习演唱歌曲。

2. 通过演唱歌曲，幼儿产生思念妈妈的情感。

3. 男女生协作演唱，体验与同伴合作的乐趣。

五、活动准备

《风儿找妈妈》音频、PPT。

六、活动过程

【环节一】谈话导入。

1. 教师谈话导入，吸引幼儿兴趣。

师："你喜欢你的妈妈吗？"

幼："喜欢。"

师："小朋友们都爱自己的妈妈，妈妈给了我们很多的爱，我们走到哪儿都不能忘记妈妈，都不能忘记妈妈对我们的爱。让我们用一首歌来表达对妈妈的爱吧！"

2. 教师播放歌曲《世上只有妈妈好》。

【分析与解读】

师幼共同演唱《世上只有妈妈好》，让幼儿感受妈妈对自己的爱以及妈妈无私的付出，为学习《风儿找妈妈》做铺垫。

【环节二】听故事，引出活动主题。

师："小朋友们都有自己的妈妈，可是老师的好朋友找不到自己的妈妈了，让我们一起来看一看是谁。"

教师出示《风儿找妈妈》的图片并讲述故事。

小结：通过风儿找不到妈妈的故事，让幼儿知道和家人一起外出时，不能随便乱跑，走丢时要找警察叔叔或者在原地等待。

【分析与解读】

此环节通过讲故事的形式让幼儿初步理解歌词，并通过故事增强幼儿的安全意识。

【环节三】初听歌曲。

乐动教学法：教师让幼儿感受歌曲中的旋律并让幼儿再一次了解歌词。

师："小朋友们刚才听了这首歌有什么感觉？哪个小朋友起来说一说？"

幼1："老师，我感觉这首歌听起来比较忧伤。"

幼2："老师，我听到风儿找不到自己的妈妈了。"

幼3："老师，我听到歌里面有小草、小树、小花，还有风儿在找妈妈。"

幼4："老师，我还听到歌曲里有太阳、月亮。"

师："大家想不想知道刚才的这几位小朋友说得对不对？我们再听一遍这首歌好吗？让我们再来听一遍音乐吧。"

【分析与解读】

本环节教师结合乐动教学法，从听觉入手，让幼儿聆听歌曲，从歌曲中感知音乐的节奏。

【环节四】再听歌曲，幼儿小声哼唱。

乐动教学法：教师让幼儿在听第二遍歌曲的时候轻声跟着哼唱并记忆，初步理解歌词。

师："小朋友们看，今天老师把谁带来了？哪个小朋友起来说一说？"

幼："老师，有太阳、月亮、风儿、小树、小花，还有小房子。"

师："现在老师要请一个小朋友到前面来玩一个游戏，游戏的规则是老师唱歌，请小朋友根据老师唱的歌词找出相应的图片。"

幼："老师，我想来试一试。"

【分析与解读】

本环节通过做游戏等方式让幼儿更加直观地记忆歌词，方便幼儿记住歌曲里的全部内容。

【环节五】幼儿学唱歌曲并加动作。

乐动教学法：幼儿在跟随教师学唱时感受歌曲中的温情，从而激发对妈妈的爱。幼儿在学唱歌曲时可自由加入动作。教师适时地进行鼓励。

师："欣平，你刚才做的动作真好看，愿不愿意到前面来教其他小朋友啊？"

幼1："老师，我想到前面教小朋友做动作。"

幼2："老师，我在舞蹈班学习舞蹈，还会自己编舞蹈呢！我也想展示一下。"

师："哇，我们班的小朋友们都这么厉害！那就请你们跟随音乐一起带领其他小朋友跳起来吧。"

【分析与解读】

在舞蹈创编时，部分幼儿表现较弱，但每个幼儿的肢体协调能力是不一样的，尤其是小男孩，他们在做动作时肢体比较僵硬，学得也慢，所以需要教师适时地进行指导。

【环节六】有感情地演唱歌曲，进行完整表演。

乐动教学法：通过前期的反复倾听与理解，幼儿开始用动作来表现歌曲的内容，独立演唱完这首歌后有很大的成就感。

师："现在老师弹琴，小朋友们跟随琴声一起来演唱这首好听的歌曲。在演唱的同时，我们一起跳起来吧！"

【分析与解读】

幼儿在前期反复听的过程中对这首歌已经基本熟悉，很快学会了这首歌。

七、反思与调整

本次音乐主题课用《世上只有妈妈好》的音频导入，教师根据幼儿的年龄特点设计本次活动，利用图片等引导幼儿理解歌曲的大意。此形式大大增加了幼儿的学习兴趣，让幼儿很轻松地学会了这首歌。乐动教学法让幼儿从听觉、思维、视觉、身体、情绪等方面理解乐曲，使幼儿的能力得到了提升。但是，《风儿找妈妈》是一首感伤的歌曲，歌曲通过描述风儿找妈妈的情景来激发幼儿对妈妈的思念。在活动中，男女合唱的形式没能激发出部分幼儿对妈妈的思念之情。

活动三　健康领域：快乐皮筋

一、活动名称

快乐皮筋

二、活动对象

5~6岁幼儿

三、指南目标

【领域】健康领域

【维度】动作发展

【目标1】具有一定的平衡能力，动作协调、灵敏。

【具体目标】5~6岁：能躲避他人滚过来的球或扔过来的沙包。

四、活动目标

1. 引导幼儿掌握动作要领，能够侧身钻过60厘米以下高度的皮筋。

2. 增强幼儿的身体协调能力。

3. 感受和同伴一起开展体育游戏的乐趣。

五、活动准备

皮筋、节奏欢快的音乐。

六、活动过程

【环节一】热身小游戏。

幼儿跟随音乐做活动前的热身小游戏，充分活动身体，为本次活动做准备。

师："小朋友们，我们一起来做个小游戏吧！"

幼："好！"

【分析与解读】

教师通过游戏激发幼儿活动兴趣，引出活动内容，让幼儿放松身体，为接下来的活动做准备。

【环节二】皮筋闯关初体验。

面对60厘米高的皮筋"封锁线"，请幼儿尝试用自己的方法通过它。

师："小朋友们，这是什么？"

幼："皮筋！"

师："对，皮筋！高吗？"

幼："高！"

师："你能想办法通过它吗？"

幼："能！"

【分析与解读】

教师通过提问的方式，引导幼儿探索通过60厘米高的皮筋的方法。

【环节三】皮筋大闯关

1. 教师示范侧身钻的动作要领。

师："刚刚老师发现每个小朋友都用自己的方法闯过了这个难关，有爬过去的，有弯腰走过去的。那么现在请小朋友们尝试用老师的方法来闯关，首先伸腿，然后低头，最后弯腰、缩身闯过难关。小朋友们，你们学会了吗？"

幼："学会啦！"

2. 请幼儿逐个侧身钻过高60厘米的皮筋。

师："现在请小朋友们用老师的方法来闯关吧,看看哪位小朋友能闯关成功!"

幼："好!"

3. 难度升级。

师："老师现在将皮筋降低5厘米,看看你还能通过吗?这次有点难度哦!先互相交流一下钻皮筋的要领,再来大胆尝试吧!"

幼："好!"

教师小结动作要领:伸腿、低头、弯腰、缩身。

【分析与解读】

教师引导幼儿学会传统游戏的玩法,示范并引导幼儿学习动作要领,并在基础动作上增加难度,让幼儿体会通过努力获得成功所带来的快乐。

【环节四】家园共育,将活动延伸到家庭中。

师："今天我们一起玩了快乐皮筋游戏,回家和爸爸妈妈一起玩起来吧!"

【分析与解读】

教师将活动延伸到家庭中,让幼儿与爸爸妈妈一起活动,体验亲子活动的乐趣,实现家园双向互动。

七、反思与调整

本次活动的设计十分符合大班幼儿的年龄特点及动作发展需要。在活动中教师充分利用钻皮筋的趣味性,让幼儿充分享受游戏的快乐,这对提高幼儿身体动作的协调性与灵敏性也颇有帮助。但教师对个别幼儿的关注不够,在对幼儿的探究引导上还需要更细致。教师可通过分组的形式组织游戏,加强对每个幼儿的关注度。

第三节　会爱有我课程

小班周主题：我长大了一岁

活动一　社会领域：长大了

一、活动名称

长大了

二、活动对象

3~4岁幼儿

三、《指南》目标

【主领域】社会领域

【维度】社会适应

【目标1】喜欢并适应群体生活。

【具体目标】3~4岁：对群体活动有兴趣。

四、活动目标

1. 通过比较衣物大小使幼儿知道自己会渐渐长大。

2. 引导幼儿感受自己身体的变化及自理能力、语言表达能力等方面的变化。

3. 鼓励幼儿大胆表达，感受集体活动的乐趣。

五、活动准备

1. 收集幼儿使用过的物品，衣服、鞋、袜中的任意一样。

2.幼儿小时候的照片和最近的照片各一张。

六、活动过程

【环节一】谈话导入——游戏"小树长大了"。

师："我在小小的花园里挖呀挖呀挖，种小小的种子，发小小的芽，长呀，长呀，小树长高啦！长呀，长呀，小树变大了！"

幼："我在小小的花园里挖呀挖呀挖……小树变大了。"（幼儿跟随教师一起做手指操）

师："小种子发了芽，长得好大好大。小朋友们，你们长大了吗？"

幼1："长大了！"

幼2："变成大哥哥了！"

师："你们是怎样长大的呢？有没有办法让自己快点长大呢？"

幼1："多吃饭、多喝水。"

幼2："多吃水果、晒太阳。"

【分析与解读】

教师引导幼儿自由表述自己长大的好办法。

【环节二】观察讨论。

教师请幼儿取出自己小时候和现在穿的衣物，将其放在自己的小桌子上，比较衣物的大小。幼儿自由观察，并与同伴分享自己的发现。

师："小朋友们，请你们拿出带来的衣服，将小时候的衣服放一边，再将现在穿的衣服放一边，仔细看看有什么不同。"

师："小朋友们，你们发现了什么？"

幼1："发现小时候的衣服小了。"

幼2："现在我的衣服变大了。"

师："你们现在还能穿上小时候的衣服吗？"

幼1："穿不上了。"

幼2："小时候的衣服太小了，我穿不进去了。"

小结：随着幼儿一天天长大，他们再也穿不上小时候的衣服或鞋子了。

【分析与解读】

幼儿通过比较自己不同时期的衣物，初步感受自己身体的变化。

【环节三】一起欣赏照片，说说身体的变化。

师："小朋友们看一看，这是你们小时候的照片，和现在相比，有什么不一样的地方呢？"

幼1："小时候没有牙齿。"

幼2："那时候很小，脸是胖胖的。"

师："小时候你们还不会走路，看看你们是怎样爬的。"（出示爬行的照片）

幼1："用两只手在爬。"

幼2："还不会站着呢！"

师：小朋友们，你们小时候只能用小手和小脚一起爬，现在可以自由地奔跑。这就是成长。

师："小朋友们，请看一看你们在幼儿园里的视频，你们都学会了什么本领？"（播放视频）

幼1："我会拍球啦！"

幼2："我会穿衣服了，还会做游戏。"

小结：小时候幼儿需要爸爸妈妈照顾，现在可以自己走进幼儿园，在幼儿园里自己吃饭，自己穿衣服，还可以自己拍球，学会了越来越多的本领。

【分析与解读】

结合实际，教师引导幼儿了解自己生活能力、学习能力的变化。

【环节四】结束部分——畅想长大，引发讨论。

师："请大家一起想一想，如果长到爸爸妈妈那么大，你们想做什么事情呢？"

幼1："我要当科学家。"

幼2："我要开挖掘机，挖好多沙子。"

幼儿自由畅谈，设想未来。

小结：幼儿在一天天长大，本领也会一天天变多，等长到成年时，他们可以去更多的地方，尝试更多的事情，成为更优秀的人。

【分析与解读】

幼儿自由畅想，对长大充满了期待。

【环节五】活动延伸。

教师请幼儿回家后询问爸爸妈妈他们小时候的事情，与家人讨论成长的美好，讲述成长趣事。

【分析与解读】

教师引导幼儿和家人一起感受成长的快乐。

七、反思与调整

本次活动中，幼儿对自己衣物的变化感到非常惊奇，并愿意主动试穿小时候的衣物，通过亲身体验，了解自己身体的变化。在自由讨论长大后想做什么的环节，幼儿较多表达的是对职业的设想。教师要引导幼儿认识生活中的不同场景，帮助幼儿对未来展开更多的想象。教师在生活中引导幼儿学习生活自理和帮助他人，提高自信心和自主能力。

活动二　语言领域：我长大了

一、活动名称

我长大了

二、活动对象

3~4岁幼儿

三、《指南》目标

【领域】语言领域
【维度】倾听与表达

【目标2】愿意讲话并能清楚地表达。

【具体目标】3~4岁：愿意表达自己的需要和想法，必要时能配以手势动作。

四、课程目标

1. 愿意倾听故事内容，在故事中感受主人公长大的变化。
2. 学会看画面，大胆说一说长大后与小时候的不同。
3. 愿意与身边的人交流自己的想法，体验成长的快乐。

五、活动准备

PPT、轻音乐、幼儿小时候的照片和最近的照片。

六、活动过程

【环节一】图片导入，引起兴趣。

教师出示多张同一名幼儿不同时期的照片，引导幼儿观察照片并分别提问。

师："请问这是谁啊？"

幼："泽泽。"

师："这几张照片上的泽泽看起来有什么不同呢？"

幼1："第一张是小宝宝。"

幼2："第三张照片里的泽泽长胖了，变高了。"

师："为什么会不一样呢？"

幼："长大了。"

小结：大家都在慢慢长大，春节后又长大了一岁。

【分析与解读】

教师通过出示照片，激发幼儿谈话的兴趣，使其萌发自己长大了的想法。

【环节二】播放课件，讲述故事。

师："刚刚有一位小姑娘悄悄告诉我她也长大了，是不是真的呢？让我们一起来听故事《我长大了》。"

师："观察封面，说一说图片中是谁长大了呢？你从哪里看出来的呢？"

幼："小姑娘长大了。"

师："婴儿时的你不会做哪些事情？长大后呢？"

幼1："婴儿时不会说话。"

幼2："婴儿时不会走路。"

师："你长大后学会了哪些新的本领？"

幼1："我会跑了，还会跳。"

幼2："我会帮妈妈干活儿了。"

【分析与解读】

教师通过边讲故事边提问的方法，引导幼儿仔细观察图片并学习思考，理解故事内容。

【环节三】完整欣赏，学说大小。

幼儿再次完整地欣赏故事内容，学说故事情节中的词语，进一步感受自己成长的变化，使幼儿知道自己长大后应该独立做哪些事情，感受自己的进步。

【分析与解读】

教师通过完整讲述故事，加深幼儿对故事的理解，并通过提问故事内容，引导幼儿进一步理解故事内容。

【活动四】活动延伸：长大一岁真能干。

教师请幼儿回家后帮爸爸妈妈做一些力所能及的事情。

七、反思与调整

本活动利用串讲与直接感知相结合的方式，促进幼儿更好地理解故事，随着故事的展开体会小女孩的变化，在潜移默化中认识自己的成长过程。活动过程中，大部分幼儿能够根据画面内容大胆表述，只有个别幼儿羞于表达，没有参与活动。对于不敢大声表达的幼儿，教师要为其创造说话的机会并多加鼓励，让他们体会到语言交往的乐趣，无论幼儿的表达水平如何，都应该认真地倾听并给予积极的回应。

活动三 艺术领域：我的自画像

一、活动名称

我的自画像

二、活动对象

3~4岁幼儿

三、《指南》目标

【领域】艺术领域

【维度】表现与创造

【目标2】具有初步的艺术表现与创造能力。

【具体目标】3~4岁：能用简单的线条和色彩大体画出自己想画的人或事物。

四、活动目标

1. 通过观察大体说出自己的外貌特征。

2. 能大胆作画。

3. 体验绘画活动带来的乐趣。

五、活动准备

教师准备：画像、作品展示板。

幼儿准备：小镜子、彩笔、纸张。

六、活动过程

【环节一】游戏导入：猜一猜、想一想。

1. 找出画像中的小朋友。

师："老师这里有一张去年时小朋友的画像，我们一起来看一看是谁呢？你从什么地方看出来的？

幼1："是福泽。"

幼2："他胖胖的。"

2. 现在的他有什么变化?

师："请这位小朋友上台来,大家一起说一说现在的他和画像里的他有哪些不同?"

幼："他长高了,变胖了。"

小结:随着时间推移,我们的外貌会发生相应的变化。

【分析与解读】

教师通过有趣的猜一猜、说一说游戏活动,激发幼儿参与活动的兴趣。

【环节二】活动展开:观察自己的样子,并大胆说一说。

师："请小朋友面向镜子,我们一起来观察一下,镜子里的自己是什么样子的。谁愿意来说一说自己的样子呢?"

幼1："我的头发变长了。"

幼2："我的眼睛更大了。"

小结:每个人长得都不一样,有的人脸白白的,有的人脸黑黑的;有的人眼睛大大的,有的人眼睛小小的;有的人头发长,有的人头发短。

097

【分析与解读】

教师适时地指导,及时给予肯定与鼓励,引导幼儿学会观察人物特征。

【环节三】互动生成:画一画。

1. 幼儿自主作画,尝试运用多种绘画工具作画。

师："你们想怎样画自己?"(请幼儿说出自己的想法)

2. 教师让幼儿选择绘画材料,一边照镜子,一边画出自己的面部轮廓和五官,并在自己勾勒出的轮廓上添加头发、衣物等。

3. 教师巡回指导。

教师观察幼儿作画,发现个别问题并进行指导,引导幼儿自由作画,大胆表现。

【分析与解读】

幼儿通过涂涂画画丰富想象力,提高艺术表现能力。

【环节四】欣赏与评价：教师和幼儿一同欣赏作品。

幼儿将作品放在展板上分享。教师让幼儿一起来猜一猜这是谁，并说出理由。教师重点分析个别幼儿画的人物的头发、眼睛、脸型。

> **【分析与解读】**
>
> 教师鼓励幼儿学会相互欣赏与分享，在教师引导下愿意大胆表述自己的想法与观点。

【环节五】活动延伸：我的好朋友。

教师请幼儿回家后画一画自己的好朋友。

> **【分析与解读】**
>
> 延续创作兴趣，在实践中发现新的创作方法。

七、反思与调整

通过观察，幼儿大胆地表达了对自我的认知，用涂涂画画的方法表现了自己的想法。此活动增强了幼儿自信心，同时发展了其想象力和创造力，提高了艺术表现力。大部分的幼儿能够根据自己的想法勾画出不同作品。个别幼儿不会用笔，在分享作品时不够流畅。教师可多开展绘画活动，并尝试教导幼儿正确握笔方法，提高其创作兴趣。

中班周主题：我会守规则

活动一 社会领域：我会守规则

一、活动名称

我会守规则

二、活动对象

4~5岁幼儿

三、《指南》目标

【领域】社会领域

【维度】社会适应

【目标2】遵守基本的行为规范。

【具体目标】4~5岁：感受规则的意义，并能基本遵守规则。

四、活动目标

1. 通过看一看、说一说、做一做活动，了解遵守规则的重要性。

2. 通过活动，了解日常生活、游戏中应遵守的规则，并能主动遵守规则。

3. 通过活动，感受到遵守规则的有序和快乐。

五、活动准备

教师准备：PPT、展板。

幼儿准备：《"我会守规则"调查表》。

六、活动过程

【环节一】谈话导入。

师："小朋友们，之前我们一起欣赏了绘本《汤姆挨罚》。绘本中的汤姆为什么会挨罚呢？大家应该怎样做呢？"

幼："要学会遵守规则。"

【分析与解读】

通过谈话，教师引导幼儿回忆汤姆不遵守规则挨罚的故事，激发幼儿参与活动的兴趣，引出本次活动的主题——我会守规则。

【环节二】梳理幼儿园一日生活中的规则。

师："那么，在幼儿园的一日生活中，我们应该遵守哪些规则？谁来说一说？在入园时，我们应该怎么做呢？"

幼："高高兴兴入园，主动和老师、小伙伴们打招呼。"

师："在喝水、如厕时我们要遵守什么规则呢？"

幼："要学会排队，一个接一个。"

师："在上下楼梯时，我们应该怎么做呢？在进餐时我们应该遵守哪些规则？"

幼："安静进餐，保持桌面干净。"

师："在集体活动中，我们应该遵守哪些规则呢？"

幼："认真听讲。"

师："在游戏活动中，我们应该怎么做呢？"

幼："不争抢玩具，互相分享。"

师："在午睡时，我们应该遵守哪些规则呢？"

幼："安静入睡，不拿其他物品上床。"

【分析与解读】

通过讨论、交流，师幼共同梳理在幼儿园一日生活中应该遵守的规则。教师引导幼儿明确幼儿园一日生活中的规则并学会遵守规则，完成活动目标。

【环节三】游戏：我会守规则。

师："刚才我们了解了在一日生活中各个环节的各种规则，现在我们一起来看一看，图片中的小朋友做得对吗？应该怎样做？请大家示范一下吧，谁来说一说你是怎么做的？"（图片1：排队混乱；图片2：上课吵闹；图片3：不能独立进餐）

幼："做得不对。在排队时小朋友应该一个接着一个排队；在上课时应该认真听讲；在进餐时应该安静进餐，不挑食。"

【分析与解读】

教师通过纠正不守规则的行为，引导幼儿加深对规则的理解，体验遵守规则的有序和快乐，完成活动目标。

【环节四】活动延伸：寻找家庭生活中的规则。

师："小朋友们，我们在家里需要遵守哪些规则呢？请大家回家和爸爸妈妈说一说并画下来。明天我们一起来分享吧！"

【分析与解读】

教师将活动延伸到家庭中，与家长共同培养幼儿的规则意识，进一步实现活动目标，引导幼儿做一个守规则的孩子。

七、反思与调整

活动设计紧紧贴合幼儿生活，教师通过看一看、说一说、做一做等活动，引导幼儿梳理、明确一日生活中的规则。部分幼儿无法将活动中梳理的日常生活规则迁移到日常生活中。教师要引导幼儿再次回顾、梳理，鼓励幼儿在一日生活中遵守规则。

活动二　健康领域：排排队，钻山洞

一、活动名称

排排队，钻山洞

二、活动对象

4~5岁幼儿

三、《指南》目标

【领域】健康领域

【维度】动作发展

【目标2】具有一定的平衡能力，动作协调、灵敏。

【具体目标】4~5岁：能以匍匐、膝盖悬空等多种方式钻和爬。

四、活动目标

1. 自主探索多种钻、爬方法，增强下肢力量。

2. 能够遵守规则，有序排队，在游戏中发展多种钻、爬的技能。

3. 体验体育游戏的乐趣，提高动作灵活性。

五、活动准备

教师准备：呼啦圈、拱形门等。

幼儿准备：有一定的攀爬经验。

六、活动过程

【环节一】集体热身运动。

师："小朋友们，还记得小动物们的运动动作吗？现在让我们跟随音乐一起来活动一下身体吧。"

【分析与解读】

教师引导幼儿活动上下肢、膝盖和脚踝，避免运动伤害；创设"送积木回家"的游戏情境，激发幼儿参与活动的兴趣。

【环节二】自由探索钻、爬及搭洞方法并相互分享。

师："你会怎样钻洞？"

幼1："先把头伸过去，再把脚伸过去。"

幼2："胳膊先伸过去，再把脚伸过去。"

师："我们可以用什么工具来进行搭洞呢？"

幼1："可以用呼啦圈。"

幼2："可以用手和胳膊。"

幼3："可以用拱形门。"

【分析与解读】

教师引导幼儿自由探索钻洞前进、搭洞的方法，鼓励幼儿练习并巩固。

【环节三】幼儿分组进行游戏比赛。

师："现在请小朋友们分成两组进行比赛。游戏规则：钻过洞穴，每人取一块积木，并把积木运回出发的位置；速度快的一组获胜。"

【分析与解读】

分两组比赛，运用拱形门、呼啦圈等道具搭洞，幼儿排队钻山洞并将积木依次运回对应位置，在活动中树立排队的规则意识。

【环节四】游戏总结，并进行放松运动。

师："游戏结束了，现在请小朋友们想一想，下次进行游戏时怎样才能更快地取得胜利？"

幼："前面的小朋友开始钻洞之后，马上跟上他。"

幼："钻洞的时候要低头才能钻得更快。"

师："游戏结束，我们一起来做放松运动吧。"

【分析与解读】

教师带领幼儿跟随音乐做动作，放松身体，总结游戏时出现的问题和改正的方法。

七、反思与调整

在活动中幼儿学会了运用多种方式进行钻和爬。幼儿兴趣浓厚，参与度高。但在分组游戏环节中，幼儿排队等待时间过长。教师可将幼儿分多组进行游戏，减少幼儿等待的时间。

活动三　艺术领域：交通安全歌

一、活动名称

交通安全歌

二、活动对象

4~5岁幼儿

三、《指南》目标

【领域】艺术领域

【维度】表现与创造

【目标2】具有初步的艺术表现与创造能力。

【具体目标】4~5岁：能用自然的、音量适中的声音基本准确地唱歌。

四、活动目标

1. 引导幼儿根据已有经验理解歌词并学唱歌曲。

2. 借助歌词懂得如何遵守交通规则，进一步增强交通安全意识。

3. 喜欢参加音乐活动，并能体验音乐活动的乐趣。

五、活动准备

PPT、关于交通安全的图片、交通安全歌。

六、活动过程

【环节一】话题导入。

师："小朋友们，前几天我们了解了汤姆挨罚的故事。在老师的惩罚和汤姆爸爸的教导下，小汤姆明白了遵守规则的重要性。我们在日常生活中不仅要遵守幼儿园里的规则，还要遵守交通规则。"

师："那你们都知道哪些交通规则呢？"

幼："过马路要走斑马线，要看红绿灯。"

师："原来小朋友们知道这么多的交通规则。老师这里有一些图片，请小朋友们仔细观察图片，判断一下这些行人的行为是否正确。"

【分析与解读】

教师通过提问让幼儿进行观察，引起幼儿思考。

【环节二】播放歌曲，加深幼儿印象。

师："小朋友们观察得都很仔细，判断对了。但是刚刚你们介绍的交通规则太多了，老师有点记不住。你们有什么好办法可以帮老师记住这些规则吗?"

幼:"可以画下来,可以唱出来。"

师:"有一首歌可能会帮我们更快地记住这些交通规则,一起来听一听这首歌吧!"

聆听《交通安全歌》范唱。

师:"歌中都唱了什么?"

幼:"要走斑马线,要握妈妈的手,要看红绿灯。"

【分析与解读】

幼儿通过聆听歌曲,对歌曲有了一定的印象。教师的提问加深了幼儿对歌曲的了解。

【环节三】欣赏歌曲第一段,幼儿学唱。

师:"这首歌一共有两段,我们一起再欣赏一遍第一段吧。请仔细听哦,老师一会儿有问题要提问你们,答案就在歌曲里。"

教师播放歌曲第一段。

师:"歌曲播完了,考验你们认不认真的时候到了。有哪个小朋友听出了歌曲里'过过过过马路'这句歌词一共有几个'过'?那'斑斑斑斑马线'这句歌词里一共有几个'斑'呢?"

师:"小朋友们说几个的都有,老师也有点记不住了。那小朋友们和老师一起数一数歌词里到底有几个'过'和'斑'吧。"

幼儿跟读歌词。

师:"哦,一共有4个'过'和'斑'。我们跟着音乐再听一遍,看看数得对不对。"

教师再次播放歌曲。

【分析与解读】

教师通过提问和让幼儿反复聆听歌曲,加深幼儿对歌词的印象。

【环节四】欣赏歌曲第二段,幼儿学唱。

师:"许多小朋友已经会唱第一段了,下面听一听第二段与第一段有什么不同。同样要认真听,老师还有问题要问你们。"

教师播放歌曲第二段。

师："歌曲放完了，我又要提问了，看这次哪位小朋友听得认真。"

师："歌曲中'停停停停一停'这句歌词中一共有几个'停'，那'不不不不乱跑'这句歌词中又有几个'不'呢?"

师："请小朋友们跟读歌词，我们一起来数一数。"

幼儿跟读歌词。

师："我们一共数了5个'停'和4个'不'，一起跟着音乐来听听对不对吧。"

教师再次播放歌曲第二段。

【环节五】尝试演唱整首歌曲并搭配简单动作。

师："小朋友们都很棒，听得也很认真。下面我们再来完整地欣赏两遍歌曲。小朋友们可以跟着小声地唱，也可以边唱边根据歌词编几个动作。"

教师播放歌曲。

师："哇，老师发现有些小朋友的动作编得非常好看。我们加上自己编的动作再唱一唱这首歌吧。"

【分析与解读】

教师通过引导幼儿创编动作，加深幼儿对歌曲的理解。这有利于促进幼儿语言表达和身体协调能力的发展，发展幼儿的想象力和创造力。

【环节六】活动延伸

教师建议幼儿为爸爸妈妈演唱《交通安全歌》，并和爸爸妈妈说一说学到的交通安全知识，一起玩红绿灯小游戏。

【分析与解读】

本环节让幼儿在游戏中了解并认识红绿灯，锻炼幼儿的反应能力。

七、反思与调整

本课程的交通安全知识与幼儿的实际生活相结合，幼儿可以从歌曲中了解相关交通知识。但因歌词的重复性字词太多，个别幼儿不敢大声唱歌，缺乏自信。教师要多设计一些增强记忆力的游戏，使幼儿在游戏中记忆歌词。教师也要鼓励与肯定幼儿的积极表现，增强幼儿自信心，使其体验成就感。

大班周主题：我要上小学了

活动一　社会领域：我要上小学了

一、活动名称

我要上小学了

二、活动对象

5~6岁幼儿

三、《指南》目标

【领域】社会领域

【维度】社会适应

【目标1】喜欢并适应群体生活。

【具体目标】5~6岁：对小学生活有好奇和向往。

四、活动目标

1. 通过活动，增进幼儿对小学的认识，了解小学生的学习和生活情况。

2. 了解初入小学时会遇到的困难，尝试找出解决的办法，增强自信心。

3. 乐意与同伴交流分享自己对小学的了解，有争当小学生的愿望。

五、活动准备

教师准备：教学挂图，小学生一日学习生活各个环节片段的视频。

学生准备：集体参观小学，对小学环境有所了解。

六、活动过程

【环节一】谈话导入。

师："小朋友们，大家好，昨天我们一起学习了绘本《我要上小学了》，了解了幼儿园和小学的不同。谁能来说一说绘本中讲了幼儿园和小学的哪些不同？"

【环节二】观看视频，引发兴趣。

师："除了绘本中讲的那些不同，还有哪些不同呢？我们一起来看一段小学视频，具体了解一下。"

教师引导幼儿观看小学一日学习生活各个环节片段的视频。

【环节三】观察比较，加深认识。

1. 教师提问，启发思考，让幼儿了解小学学习环境与幼儿园的区别。

师："你觉得小学和幼儿园一样吗？它们有哪些不同呢？"

幼："小学的座位是固定的，但幼儿园小朋友想坐哪里就可以坐哪里。"

教师引导幼儿从环境、学习、生活三方面说出小学与幼儿园的区别。

师："操场是什么样子的？操场上有什么？这些运动器材有什么作用？图书馆中有什么？和幼儿园的阅读室有什么不同？我们可以在里面学到什么？"

师："教室的课桌、椅子和幼儿园的一样吗？教室还有哪些不一样的地方？"

小结：小学生可以在这些地方快乐运动、快乐阅读和快乐学习，掌握更多的新知识和新本领。

2. 经验交流，拓展讨论内容，进一步了解小学的学习生活情况。

师："今天我请来了一位小姐姐，她现在是一年级小学生。我们请她讲讲小学生的学习和生活是怎么样的。大家欢迎！"

幼儿聆听讲述。

师："听了介绍以后，小朋友们可以知道，对一名小学生来说，学习很重要。在知识学习上，我们要比在幼儿园花更多的时间，还要学会提高学习效果，学会学习的方法。刚才姐姐讲到上幼儿园和上小学的起床时间，它们一样吗？下课十分钟要做哪些事情？小学里还有哪些活动？"

幼1："不一样。"

幼2："等到下课要赶紧去小便、洗手、喝水。"

幼3："小学里还有各种各样的社团活动。"

小结：原来小学和幼儿园有这么多不一样的地方，在学习、生活、环境上都有很大的不同，更重要的是会认识更多的小朋友和老师，学到更多的本领。

【环节四】创设情景，操作体验。

师："小姐姐的衣领上系着什么？请她教我们系红领巾吧！"

小学生演示系红领巾的方法。

师："成为小学生后，每天都要自己整理小书包。现在我们都来尝试一下好吗？"

【环节五】分享交流，激发情感。

师："小朋友们，今天我们一起了解了小学的生活。下面请小朋友来说一说自己想去就读的小学是怎样的。"

幼："我想去的小学有和蔼可亲的老师，有高高的大楼。"

【环节六】延伸活动

绘画：小朋友们可以画出自己对小学最感兴趣的事情或最喜欢的地方。

七、反思与调整

为了让幼儿了解幼儿园与小学的不同，教师特结合实际情况设计了本课程，通过展示图片，让幼儿了解小学生的学习生活，感受幼儿园与小学的不同。教师在课程设计中可以加入更多环节，让幼儿通过亲身体验，真正了解小学的生活。

109

活动二　健康领域：早睡早起身体好

一、活动名称

早睡早起身体好

二、活动对象

5~6岁幼儿

三、《指南》目标

【领域】健康领域

【维度】生活习惯与生活能力

【目标1】具有良好的生活与卫生习惯。

【具体目标】5~6岁：养成每天按时睡觉和起床的习惯。

四、活动目标

1. 让幼儿知道早睡早起对身体好。
2. 学习制定一日作息时间表，养成按时作息的好习惯。
3. 能借助手指游戏学习健康小常识。

五、活动准备

手指游戏歌、一日作息时间表、按时作息与不按时作息的对比图片。

六、活动过程

【环节一】手指游戏导入。

师："大拇指醒来了，你早，你早；食指醒来了，刷牙，刷刷牙；中指醒来了，洗脸，洗洗脸；无名指醒来了，梳头，梳梳头；小拇指醒来了，一起做早操。"

【分析与解读】

教师带领幼儿做热身运动。

【环节二】展开环节——判断对与错。

教师出示晚睡、晚起的图片与早睡、早起的图片，让幼儿判断并讲述原因，了解晚睡晚起对身体的影响。

师："老师这里还有两张照片，请小朋友说一说它们有什么区别，为什么会这样?"

幼："晚睡会导致睡眠不足。晚起上学就会迟到。"

【分析与解读】

教师引导幼儿自己分析对与错。

【环节三】制定作息时间表。

师："我们了解了早睡早起对身体的好处，那么请每个小朋友都制作一份作息时间表，左边是时间，右边是要进行的活动。你们可以通过绘图的方式把作息安排画下来。"

师："请小朋友分享一下自己的作息安排。"

教师请幼儿把自己的安排表与同伴分享。

> **【分析与解读】**
>
> 教师引导幼儿进行作息安排，完成作息时间表。

【环节四】活动延伸

教师请幼儿把作息安排表带回家，与父母一起执行。

七、反思与调整

幼儿通过形象生动的故事以及讨论，明白了养成良好睡眠习惯的重要性，了解了正确的睡眠姿势和习惯。这对于有不良睡眠习惯的幼儿有教育意义。但活动中幼儿亲身体验睡眠姿势的活动较少，缺乏亲身感知体验。幼儿良好的睡眠习惯不是一两天可以养成的，需要教师和家长的共同引导。

活动三 艺术领域：我心中的小学

一、活动名称

我心中的小学

二、活动对象

5~6岁幼儿

三、《指南》目标

【领域】艺术领域

【维度】表现与创造

【目标2】具有初步的艺术表现与创造能力。

【具体目标】5~6岁：能用多种工具、材料或不同的表现手法表达自己的感受和想象。

四、活动目标

1. 引导幼儿展开对小学生活的想象，激发幼儿对小学生活的向往。
2. 能够用自己喜欢的方式表达对小学的憧憬。

五、活动准备

幼儿经验：有参观小学的经历。

物质准备：彩笔、油画棒、A4纸。

六、活动过程

【环节一】请幼儿欣赏小学的照片。

师："大家知道自己秋天时要去哪里上学吗？"

幼："去小学。"

师："你觉得小学会是什么样的呢？"

幼："有更多不一样的玩具。"

师："请仔细观察图中小学的样子，想想它与自己想象的有什么不一样。"

幼："小学里有好多的课桌，小朋友都戴着红领巾。"

幼："小学里就没有滑梯了。"

【分析与解读】

通过谈话和让幼儿观察图片，教师激发幼儿对小学的兴趣。

【环节二】幼儿讲述自己想象的小学。

师："如果给你一次机会，让你设计自己的小学，你会怎样设计呢？"

幼1："我会把最喜欢的滑梯画上。"

幼2："我会设计城堡一样的高楼。"

【分析与解读】

幼儿与大家分享心目中小学的样子。

【环节三】幼儿自己作画。

请幼儿将自己的想法用绘画的形式画下来。教师巡回指导，鼓励有能力的幼儿大胆绘画，将自己的好想法画下来并分享给身边的好朋友。

【分析与解读】

教师通过鼓励幼儿将自己的想法画下来并与同伴交流，提高其创作能力和表达能力。

七、反思与调整

本课中幼儿是主动的、积极的、快乐的，他们在真实地交流、操作和实践中增加了经验，在快乐中得到了发展。幼儿园美术教育并不是教幼儿画出什么惊人之作，而是使他们发现自己的潜能，培养他们大胆创造的信心。幼小衔接关系到幼儿入学适应，需要幼儿园、小学和家长的三方合作。幼儿园在开展这一主题活动时应积极吸纳多方信息，如来自家长的信息、来自小学教师的信息、来自国外幼小衔接的经验。幼儿园结合过去幼小衔接过程中存在的问题，积极整合身边的多种资源来为幼儿提供机会和条件。

第四节　乐动艺美课程

小班周主题：幼儿园是我家

活动一　艺术领域：我爱我的幼儿园

一、活动名称

我爱我的幼儿园

二、活动对象

3~4岁幼儿

三、《指南》目标

【领域】艺术领域

【维度】表现与创造

【目标2】具有初步的艺术表现与创造能力。

【具体目标】3~4岁：能模仿学唱短小歌曲，能跟随熟悉的音乐做动作。

四、活动目标

1. 初步学习听前奏进行演唱。

2. 能够借助乐器表演歌曲内容。

3. 引导幼儿积极参与唱歌活动，并感受与他人一起唱歌的乐趣。

五、活动准备

1. 钢琴、手串铃。

2. 教学用多媒体PPT。

3. 音乐《我爱我的幼儿园》教学磁带。

六、活动过程

【环节一】练声导入，吸引幼儿兴趣

师："猫咪说话喵喵喵！青蛙说话呱呱呱！"

幼："猫咪说话喵喵喵！青蛙说话呱呱呱！"

【分析与解读】

教师通过练声活动在幼儿心中建立初步印象。教师要善于引发幼儿的兴趣点和好奇心。

【环节二】播放歌曲视频，吸引幼儿兴趣。

师："瞧！多么神奇的大自然啊！小鸟在大树上唱着歌，轻轻唱出'我爱大树'。老鹰在天空中飞来飞去，快乐地说'我爱天空'。瞧！这是我们美丽的幼儿园！孩子们高高兴兴地说'我爱我的幼儿园'。"

师："让我们大家一起说'我爱幼儿园'。"

幼："我爱幼儿园。"

115

【分析与解读】

教师运用乐动教学法，从视觉和听觉入手，让幼儿在《我爱我的幼儿园》的音乐中，理解活动的内容。教师应创造与活动相关的环境，让幼儿深切地体会活动内容。

【环节三】师生互动，熟悉歌词。

师："幼儿园里朋友多，老师也来找找我的好朋友。珠珠，你愿意和我做好朋友吗？"

幼："愿意。"

师："再来找个小男生。轩轩，你愿意和我做好朋友吗？"

幼："愿意。"

师："我爱我的幼儿园，幼儿园里什么多？"

幼："朋友。"

师："幼儿园朋友这么多，那我们都在干什么呢？"

幼："跳舞，唱歌……"

师："小朋友们都好快乐呀，幼儿园可真好。"

【分析与解读】

每个幼儿的理解能力是不同的，教师应该因材施教，针对幼儿的发展情况给予帮助。教师可引导幼儿更多地参与到作品的创作中。

【环节四】幼儿为歌曲加上乐器伴奏。

师："你们看这是什么？"

幼："铃铛。"

教师介绍手串铃。

师："请小朋友们用小手抓着铃铛，跟着老师一起做吧。"

教师根据节奏进行指挥。

师："我们跟随着优美的音乐动起来吧。"

【分析与解读】

活动激发了幼儿创造美的能力。幼儿可以用乐器为歌曲进行伴奏。幼儿在为歌曲伴奏的过程中去创造美。

七、反思与调整

本课内容贴近幼儿生活。教师努力地为幼儿创造条件，鼓励幼儿运用自己的感官，根据歌舞创编动作，让幼儿学习用多种方式表现出自己对幼儿园的喜欢，真正地爱上幼儿园。因幼儿对于乐器的使用不太熟练，教师应在平时多加指导。

活动二　科学领域：有趣的镜子

一、活动名称

有趣的镜子

二、活动对象

3~4岁幼儿

三、《指南》目标

【领域】科学领域

【维度】科学探究

【目标2】亲近自然，喜欢探究。

【具体目标】3~4岁：喜欢接触大自然，对周围的很多事物和现象感兴趣。

四、活动目标

1. 初步了解镜子的反射现象，知道镜子的作用。

2. 培养幼儿乐于参加科学活动的兴趣。

3. 激发幼儿的观察力和探索力，感受照镜子的快乐。

五、活动准备

经验准备：幼儿认识自己的五官，会用脸表现喜怒哀乐。

物质准备：幼儿园的镜子、大穿衣镜、音乐《神奇镜子》《我爱我的幼儿园》。

六、活动过程

【环节一】玩"猜谜语"的游戏，引入名称镜子。

师："今天我给大家带来一个谜语，请大家仔细听，积极动脑，猜一猜它是什么物品。你哭它也哭，你笑它也笑，只要对着它，喜怒全知道。"

幼："镜子！"

师："对了，它就是镜子。今天老师给每个小朋友都准备了一面镜子，现在老师来唱歌，请找一找它在哪里。请把它轻轻拿出来，我们一起来照照镜子。大家使用时一定要当心，小心不要摔碎、不要划伤手哦！"（播放音乐《我爱我的幼儿园》）

幼："好！"

【分析与解读】

教师通过让幼儿猜谜语，引起幼儿兴趣。教师介绍使用镜子的注意事项，并及时对幼儿进行安全教育。

【环节二】玩"照五官"的游戏，发现镜子的反射现象。

师："现在每个小朋友都有一面镜子，我们一起来照照镜子。老师说五官的名称，你们在镜子里面找一找，并用小手指一指，好吗？"（播放音乐《神奇镜子》）

师："你对着镜子笑一笑，镜子里的小朋友会怎么样？当你做表情时，镜子里的小朋友表情是什么样子的呢？为什么呢？"

幼："镜子里的小朋友也会笑，我们的表情是一样的。"

【分析与解读】

幼儿通过游戏，知道了镜子可以用来照一照，看见自己的样子。

【环节三】玩游戏"请你像我这样做"，感知镜子反射人像的特点。

师："接下来老师扮演照镜子的人，小朋友们扮演镜子里的人。照镜子的人怎么做，镜子里的人就要怎么做，就像真的在照镜子一样，看看谁学得最像。哪位小朋友愿意上台来玩这个游戏？"

【分析与解读】

"请你像我这样做"活动设计巧妙，由易到难，让幼儿通过游戏体验了照镜子的快乐及镜子反射人像的特点。

七、活动延伸

小朋友们想一想，除了镜子能够反射人像，还有什么物品能够照出人像？请大家回家找一找，明天来了告诉老师你的发现。

【分析与解读】

延续幼儿对镜子反射人像的探索。

八、反思与调整

本课主要研究镜子，幼儿的探究游戏贯穿整个教学过程。教师处于引导者的位置，对探究活动有计划地组织，充分激发幼儿的主动思考和进取精神，倡导自主、合作、探究的学习方式，培养幼儿团结协作、大胆实践、勇于创新的良好习惯。幼儿虽然认识镜子、喜欢照镜子，但对镜子的了解还不是很多。活动中应该让幼儿自由地看一看、想一想、说一说，初步探索、感知镜子的特征。

活动三　健康领域：好玩的幼儿园

一、活动名称

好玩的幼儿园

二、活动对象

3~4岁幼儿

三、《指南》目标

【领域】健康领域

【维度】身心状况

【目标2】具有一定适应能力。

【具体目标】3~4岁：能在较热或较冷的户外环境中活动。

四、活动目标

1.探索沙包的多种玩法，做双腿夹物跳的练习。

2.鼓励幼儿大胆参与集体活动，喜欢体育游戏活动。

3.训练幼儿动作协调性，培养幼儿的耐力和灵敏性。

五、活动准备

一人一个沙包、热身儿歌《我爱我的幼儿园》、放松音乐《小太阳》。

六、活动过程

【环节一】热身活动

师："小朋友们，幼儿园里有好多的器材呀，今天沙包宝宝想和宝贝们一起玩。"

幼："我爱我的幼儿园……"

师："每人到筐子里拿一个沙包。"

幼："好。"

【分析与解读】

幼儿通过有趣又熟悉的儿歌热身操，活动身体，拉伸四肢，防止拉伤等对身体的伤害。本环节初步培养幼儿喜欢参加体育活动的意识和情感。

【环节二】好玩的沙包

师："小朋友们，沙包有哪些玩法呢？现在请展示一下，看哪个小朋友的方法最好玩。"

幼："我是用双脚夹住跳的。"

【分析与解读】

幼儿在实践中能够更好地获得有益的经验，获得正确的认识。活动中，幼儿跟着教师一起玩游戏。教师要注意观察，随时给予指导。

【环节三】龟兔赛跑

请小朋友们分两组，一组变成小白兔，用腿用力夹住沙包，跳着前进；另一组变成小乌龟，把沙包放在背上开始爬。两个小组一起前进。如果比赛过程中沙包掉了，先放好再继续前进。哪一组先到达终点，哪一组胜利。

师："宝贝们准备好了吗？开始！"

幼："加油！加油！"

师："游戏结束了，红队赢了。请宝贝们把沙包放回箩筐，整理场地。收拾好的宝贝请站好跟着老师一起做放松运动。"（播放放松音乐《小太阳》）

【分析与解读】

幼儿在"龟兔赛跑"的活动过程中，掌握了沙包的基本玩法。

七、活动延伸

教师请小朋友把沙包的玩法用水彩笔画下来。

八、反思与调整

幼儿第一次接触沙包，对其充满了新鲜和好奇，用比赛的方式玩沙包游戏，他们的积极性很高。幼儿也想出了各种各样的关于沙包的玩法。幼儿参与活动的积极性很高，在活动开始前要讲好活动规则，以免有些幼儿乱扔沙包。

中班周主题："虫"你开

活动一 艺术领域：懒惰虫

一、活动名称

懒惰虫

二、活动对象

4~5岁幼儿

三、《指南》目标

【环领域】艺术领域

【维度】表现与创造

【目标2】具有初步的艺术表现与创造能力。

【具体目标】4~5岁：能用自然的、音量适中的声音基本准确地唱歌。

四、课程目标

1. 乐意演唱歌曲，感受歌曲诙谐有趣的情绪和弱起的节奏。

2. 学唱歌曲后，知道要做一个勤劳的孩子，不要做懒惰虫。

3. 初步学唱歌曲，能较自然地演唱歌曲，并尝试对歌曲进行简单的创编。

五、活动准备

教师准备：PPT、《懒惰虫》的音乐。

幼儿准备：认识蜜蜂、蚂蚁、蜻蜓、毛毛虫、七星瓢虫等昆虫。

六、活动过程

【环节一】导入环节：创设情景。

师："你是张俊豪，你是王一涵，你们是我的好朋友。"

师："哇，我有这么多好朋友。我喜欢张俊豪的聪明懂事，也喜欢王一涵的听话有礼貌，可是，我也有不喜欢的朋友，他太懒了。"

【分析与解读】

师幼互动，创设温馨情景。教师用游戏导入，引起幼儿的兴趣，稳定幼儿的情绪。

【环节二】倾听教师范唱歌曲，理解歌词内容。

1. 倾听教师第一遍范唱，初步感知歌词内容。

师："你们知道什么叫懒惰吗？你们想当懒惰虫吗？那我们来听一听，当了懒惰虫之后会发生什么事。"

2. 倾听教师第二遍范唱，进一步理解歌词内容。

师："懒惰虫到底哪里痛？"

3. 倾听教师第三遍范唱，理解歌词内容。

师："我请小朋友来猜一猜哪只昆虫是懒惰虫？"（教师完整地演唱完歌曲）

师："小蜻蜓，你是懒惰虫吗？小朋友们，老师刚才怎么问的呀？谁想来学一学？"

幼："小蜻蜓，你是懒惰虫吗？"

4. 教师第四遍范唱，引导幼儿跟唱。

师："还有谁可能是懒惰虫呀？我们问问小蜜蜂吧！"

幼:"小蜜蜂,你是懒惰虫吗?"

5.教师引导幼儿歌唱歌曲,引导幼儿做动作。

师:"那七星瓢虫是懒惰虫吗?你们来帮我问问吧。"

【分析与解读】

教师通过提问,让幼儿理解歌词的意思。本环节加上动作,身体动、思维动,加深理解。

【环节三】幼儿在"找懒惰虫"的游戏中演唱歌曲。

1.师幼共同玩"找懒惰虫"游戏。(两遍)

2.幼儿和身边同伴两两游戏。(两遍)

师:"请小朋友找到你的好朋友,和他面对面,一边唱歌,一边跳舞,看看谁是懒惰虫。一会儿我请小朋友回答哦!"

【分析与解读】

教师通过游戏增加幼儿学习的兴趣,让活动变得更加有趣味性。

【环节四】歌曲创编《勤劳虫》。

教师出示有关毛毛虫的PPT,引导幼儿一起唤醒毛毛虫,做一只勤劳虫。

师:"勤劳虫是什么样的?我们来试一试。"

幼:"你是勤劳虫,你是勤劳虫,你的一身都不痛。眼睛也不痛,肚子也不痛,你的一身都不痛。"

【分析与解读】

幼儿通过歌词创编,加深对本歌曲的理解。

【环节五】回归生活,做勤劳的小朋友。

师:"哇!它变成什么啦?原来不做懒惰虫,变成一只勤劳虫之后,它就会变成一只漂亮的蝴蝶。那让我们做个勤劳的人,把小椅子都收好吧!"

【分析与解读】

通过游戏环节，幼儿了解了只有通过劳动，才能创造美好生活。在生活中，我们要做一个勤劳的小朋友。本环节把歌曲与幼儿的生活相关联，以加强幼儿的生活自理能力。

七、反思与调整

本课通过学习歌曲《懒惰虫》，激发幼儿做一个勤劳的小朋友的情感。幼儿能够通过动作、歌唱、创编歌曲等不同的表现手法来理解歌曲，锻炼了节奏感和身体协调性，提高了乐感。本课以"三动、四美、五融合"为核心，教师可通过调动幼儿口、耳、眼、鼻、舌、手、脚、腿、身等参与游戏，发挥动觉、听觉、视觉、触觉等多觉联动，让幼儿身体随音乐有节奏地做动作，从而实现身心和谐和全面育人的终极目标。

活动二 语言领域：毛毛虫的梦

一、活动名称

毛毛虫的梦

二、活动对象

4~5岁幼儿

三、《指南》目标

【领域】语言领域

【维度】倾听与表达

【目标2】愿意讲话并能清楚地表达。

【具体目标】4~5岁：愿意与他人交谈，喜欢谈论自己感兴趣的话题。

四、活动目标

1. 通过观察角色的表情和动作，理解角色的心情，体验小青虫遭受冷落和蜕变成功后的情绪变化。

2. 了解蝴蝶蜕变的过程。

3. 幼儿结合音乐感受童话的意境美，并能积极大胆地表现故事中的角色。

五、活动准备

《懒惰虫》音乐、图书、角色贴绒、PPT。

六、活动过程

【环节一】导入环节：歌曲导入引出名称。

师："老师手里拿的是什么？"

幼："一条绿色的虫子。"

师："你们认识它吗？"

幼："这是懒惰虫。"

师幼共唱《懒惰虫》："你是懒惰虫，你是懒惰虫……"

师："这条小青虫怎么了？它为什么会掉眼泪？"

【分析与解读】

通过谈话，教师激发幼儿探究的欲望。

【环节二】观看图片，想象故事内容。

师："今天我们就来看一看这条小青虫的故事。"

师："这是在什么地方？什么时间？都有谁？它们在干什么？小青虫在哪里？它为什么要躲在草底下？"

【分析与解读】

教师展示第一张图片，让幼儿观察发生了什么事，引起幼儿兴趣。

【环节三】欣赏故事，理解故事内容。

师："好听的歌曲能让人高兴，小毛毛虫会有什么感受呢？请小朋友表演一下小毛毛虫的表情、动作。"

师："蟋蟀是怎样对待小青虫的？"

幼："蟋蟀不喜欢它，要赶它走。"

师："小青虫的心情是怎样的？"

幼："小青虫很伤心，哭了。"

师："谁愿意来安慰安慰它？谢谢小朋友们，小青虫感觉开心多了！"

师："小朋友们看，小青虫怎么了？"

幼："开心，开始吐丝了，慢慢进入了梦乡，变成了茧。"

师："我们还在哪儿见到过茧？"

幼："见到树上有。"

师："睡着了会做什么？"

幼："小青虫做了一个梦，它梦到自己变成蝴蝶了。"

师："小青虫发现自己变成了蝴蝶，心情怎么样？"

幼："小青虫梦到自己变成了蝴蝶，很高兴。"

师："蟋蟀看到了，又会怎么样？猜一猜接下来会发生什么事？小蝴蝶开心地跳起了舞。我们一起来参加蝴蝶舞会吧！"

【分析与解读】

教师逐一出示图片，边讲边提问，激起幼儿的学习兴趣。

【环节四】完整欣赏故事，情感体验。

师："我们再听一遍故事，体会一下小青虫的感受，想象一下小青虫变成蝴蝶的心理变化。你有什么感受？"教师完整地讲述故事。

师："音乐还在继续，跟着音乐扮演一下你喜欢的角色吧。你是翩翩起舞的蝴蝶呢，还是帅气自信的音乐家蟋蟀？"

师："听了故事以后你心里有什么样的感觉？我们一起唱一唱《懒惰虫》吧！"

【分析与解读】

幼儿从绘本回到生活实际，体会到原来美丽可以通过努力来创造。

七、反思与调整

幼儿从头至尾都能认真地听老师讲故事，有很强的表达欲望。幼儿能用完整的话来回答老师的提问，实现了本活动的目标。不足之处在于，教师没有调动幼儿口、耳、眼、鼻、舌、手、脚、腿、身等共同参与游戏。教师应鼓励幼儿调动动觉、听觉、视觉、触觉等，让幼儿实现从随着音乐有节奏地"动"身体，到情感上、思维上的"动"，从而实现身心和谐、全面育人的终极目标。

活动三　科学领域：毛毛虫变身记

一、活动名称

毛毛虫变身记

二、活动对象

4~5岁幼儿

三、《指南》目标

【领域】科学领域

【维度】科学探究

【目标1】亲近自然，喜欢探究。

【具体目标】4~5岁：喜欢接触新事物，经常问一些与新事物有关的问题。

四、活动目标

1. 通过拼图游戏，认识蝴蝶的身体特征以及毛毛虫变蝴蝶的生长过程。

2. 通过视频与图片，能够用语言描述毛毛虫变蝴蝶的过程。

3. 喜欢科学活动，愿意动手操作。

五、活动准备

毛毛虫变蝴蝶的视频；拼图（蝴蝶身体、毛毛虫变蝴蝶的过程）、《懒惰虫》音乐。

六、活动过程

【环节一】歌曲导入，回顾已有经验。

师幼共唱《懒惰虫》。

师："今天老师请来一位昆虫朋友，大家猜猜它是谁？"

幼："小毛毛虫。"

【分析与解读】

教师通过复习歌曲的方式，引起幼儿活动兴趣。

【环节二】拼图游戏，了解蝴蝶的特征及变化过程。

1. 引导幼儿了解蝴蝶的外形特征。

师："答案就藏在我们的拼图里，让我们合作把它拼出来吧！"

2. 师幼总结蝴蝶的身体特征。

师："请小朋友观察小蝴蝶有什么特点。你跟旁边组的小朋友拼的有什么不一样？"

【分析与解读】

幼儿通过游戏的方式，动手操作，了解毛毛虫变蝴蝶的过程。

【环节三】拼图讲述，师幼共同交流蝴蝶生长过程。

教师播放课件并讲述故事。

师："毛毛虫长什么样？"

幼："圆圆的，长得都不一样。"

师："毛毛虫爱吃什么？"

幼："会吃树叶。"

师："毛毛虫怎样变成蝴蝶？"

幼："吐丝、结茧，在里面变成蝴蝶。"

师幼共同观看毛毛虫变蝴蝶的视频。

【分析与解读】

通过图片、拼图，幼儿对蝴蝶的特征和生长过程都有所了解。

【环节四】操作活动，巩固毛毛虫变蝴蝶的过程。

师："毛毛虫变蝴蝶的生长过程有哪几个阶段? 请小朋友分组进行毛毛虫变蝴蝶过程图的摆放，一起来试试吧!"

幼儿操作。

【分析与解读】

幼儿通过实际操作，理解毛毛虫变蝴蝶的过程。

【环节五】音乐舞蹈游戏：毛毛虫变蝴蝶。

师："小蝴蝶们，让我们一起跳舞吧!"

幼儿做伸展动作，化身小蝴蝶。教师带领幼儿进行简单的动作创编。

师："让我们一起为这首歌加上好看的动作吧!"

129

【分析与解读】

和着音乐，幼儿用身体表现毛毛虫变蝴蝶的全过程。

七、反思与调整

本课将幼儿的抽象思维转为具体行动，使思维可视化，最后运用音乐让幼儿用舞蹈动作进行表现，实现动作思维化。教师在过程中要多鼓励幼儿，增强其自信心。

大班周主题：你好，秋天

活动一 语言领域：红色果子闪亮亮

一、活动名称

红色果子闪亮亮

二、活动对象

5~6岁幼儿

三、《指南》目标

【领域】语言领域

【维度】倾听与表达

【目标2】愿意讲话并能清楚地表达。

【具体目标】5~6岁：能有序、连贯、清楚地讲述一件事情。

四、活动目标

1. 根据图画线索大胆猜想故事情节及小动物的对话，会用"有的……有的……还有的……"句式说话，并用连贯、完整的语句表达出来。

2. 理解故事内容中蕴藏的童趣，能对故事内容展开大胆的想象与表达。

3. 感受小兔子以及小动物们吃到苹果后的快乐心情。

五、活动准备

幼儿准备：对红色果子外形有认知经验。

教师准备：《苹果丰收》音乐、PPT、图片、信封、红色果子。

六、活动过程

【环节一】提问导入：激发幼儿兴趣，引发想象。

师："秋天是一个丰收的季节，棕色兔子那里的大苹果树丰收了，它给好朋友们都寄去了邀请函，请它们来参加苹果盛宴。"

【分析与解读】

幼儿随音乐入场，做好音乐活动的准备。

【环节二】活动展开：阅读故事内容，幼儿观察PPT。

1. 观察PPT的第1~3页，教师讲述故事。

师："棕色兔子把信寄给了谁？它们会去参加盛宴吗？"

幼："小白兔和小黑兔，它们会参加盛宴。"

2. 引导幼儿说出"有的……有的……还有的……"。

师："请看这幅图片，你们看到了什么？小兔子们都在干什么呢？"

幼："小兔子在树上。"

幼："小兔子在树下聊天。"

幼："小兔子在梯子上。"

师："是啊，有的小兔子在树上，有的在梯子上，还有的在树下。请小朋友用'有的……有的……还有的……'自己说一说。"

师："棕色兔子见到好朋友会说什么呢？小白兔、小黑兔吃到了苹果，味道是什么样的？"

幼："欢迎你们来。"

幼："请尝一尝苹果吧！"

师："苹果的味道是什么样的？"

幼："酸酸的。"

幼："甜甜的。"

3. 引导幼儿继续练习"有的……有的……还有的……"句式。

师："摘苹果的活动还在继续，兔子们都在干什么呢？"

幼："有的在摘苹果，有的在接苹果，还有的在收苹果。"

4. 引导幼儿大胆猜测。

师："收获了这么多的苹果，兔子们会用苹果做什么？"

幼："会做苹果汁。"

幼："做苹果派。"

5. 让幼儿观察图片并进行讲述，用到句式"有的……有的……还有的……"。

师："请小朋友用我们学过的句式说一说。"

幼："棕色兔子在捣碎苹果。"

幼："白色兔子在擀面皮。"

幼："有的兔子在擀面皮，有的兔子在切苹果，还有的兔子在捣碎苹果。"

师："苹果派在烤炉里散发着诱人的香味，兔子们迫不及待地想品尝苹果派了。分享的感觉怎么样啊？"

幼："分享的感觉很快乐。"

6. 期待明年的聚会。

师："小兔子们聚在大苹果树下，它们会怎么想呢？"

幼："明年再来参加苹果盛宴。"

【分析与解读】

教师讲述故事内容，让幼儿了解发生了什么事情，引导幼儿大胆地猜想和表述。

【环节三】幼儿完整地欣赏故事内容。

1. 幼儿观看PPT，教师完整地讲述故事。

2. 讨论：棕色兔子给黑色兔子和白色兔子写信的原因是什么？

师："棕色兔子为什么要给黑色兔子和白色兔子写信啊？"

幼："请它们来参加苹果盛宴。"

师："兔子们是怎么做苹果派的？"

幼："摘苹果、切苹果、擀面皮、捣碎苹果、烤苹果派。"

【分析与解读】

教师通过完整地讲述故事，使幼儿对故事有完整的把握，为有序、连贯地讲述故事做好准备。教师引导幼儿思考相互帮助、相互合作的好处，让幼儿懂得分享后的快乐与惬意。

【环节四】教师引导幼儿互动。

1. 幼儿根据对故事的理解进行小组合作排序并讲述故事。

师："老师准备了图片，请你根据刚才的故事给它们排序并讲述故事。"

2. 幼儿可以根据自己的想法重新排图，讲述故事。

师："故事讲完后，请为这个故事起个名字吧。"

幼："苹果盛宴。"

幼："苹果丰收。"

师："老师也起了个名字——红色果子闪亮亮。不过老师觉得小朋友起的名字更好。"

师："兔子们品尝完了苹果盛宴，秋天还可以举行什么盛宴呢？"

幼："栗子。"

幼："柿子。"

师："老师今天也收到了棕色兔子的邀请函，让我带领小朋友们去参加即将举行的山楂盛宴。小朋友想不想去啊？我们排好队，准备出发吧！"

【分析与解读】

教师通过让幼儿为故事起名字，对故事的主要内容有整体认知，加深幼儿对故事的理解。

七、反思与调整

在整个活动中，教师始终本着"以幼儿为主体"的精神实质，以幼儿的兴趣为出发点，通过游戏、讨论、表演等方式，由浅入深、层层递进，满足幼儿的好奇心和求知欲。幼儿的整体认知能力得到了提高，情感得到了升华。教师应从幼儿的兴趣出发，让幼儿大胆地表达自己的想法与观点，发挥自己的想象力。

活动（二）　科学领域：果实分类多

一、活动名称

果实分类多

133

二、活动对象

5~6岁幼儿

三、《指南》目标

【领域】科学领域

【维度】数学认知

【目标2】感知理解数、量及数量的关系。

【具体目标】5~6岁：能用简单的记录表、统计图等表示简单的数量关系。

四、活动目标

1. 培养幼儿的观察、比较和分析能力。

2. 能够区分水果、蔬菜、农作物的异同点，并按一定的标准分类、统计。

3. 培养幼儿互相协调、合作的能力，体验秋天大丰收的喜悦心情。

五、活动准备

幼儿准备：对果实的分类经验。

教师准备：各种水果、蔬菜、农作物的实物，盘子若干个。

六、活动过程

【环节一】游戏导入。

师："今天老师和小朋友一起玩一个好玩的游戏，点到的小朋友到前面站好。点、点、点豆豆，点到豆豆跟我走。"

师："小朋友，刚才老师点了几粒豆豆？让我们一起数一数。"

幼："1、2、3、4、5、6，一共有6粒豆豆。"

师："老师要将这6粒豆豆分成两组。看看老师是怎么分的。"

幼："扎辫子的一组，不扎辫子的一组。"

师："有什么好的办法将豆豆们分成两组？"

幼："高的一组，矮的一组。"

幼："戴发卡的一组，不戴发卡的一组。"

幼："穿马甲的一组，不穿马甲的一组。"

师："小朋友们都好棒呀，能从不同角度对豆豆们进行分类。"

【分析与解读】

本环节通过游戏引入，调动幼儿的积极性，使其对分类产生了浓厚的兴趣。

【环节二】幼儿动手操作。

1. 引导幼儿动手操作。

师："秋天是一个丰收的季节，小兔子邀请我们一起参观它的果园，让我们一起看看吧。"

师："我们一起看看第一站会是什么园。"

幼："水果园。"

师："水果园有哪些水果？"

幼："苹果、橘子、石榴、柿子、梨、柚子、山楂。"

师："下一站会到哪个园？"

幼："蔬菜园。"

师："蔬菜园里会有什么呢？"

幼："白菜、菠菜、萝卜、南瓜。"

师："除了水果园，蔬菜园还有什么园？"

幼："农作物园。"

师："农作物园里有什么呀？"

幼："花生、玉米、地瓜、豆子。"

师："今天农民伯伯邀请小朋友帮他一个忙。他把各种果实不小心堆到了一起，想请小朋友帮他分分类。"

2. 介绍分类统计表的记录方法。

幼儿6人一组，每组一张分类统计表。小组成员合作共同统计。

师："现在请小朋友按照不同果实的特征进行分类并记录。现在请小朋友到后面的桌子进行操作吧。"

师："现在请每组一个代表来介绍一下吧。"

幼儿回答，若有错误的操作，要进行纠正。

135

师："小朋友还知道哪几种不同的分类方法？"

幼："大小、长短、高矮。"

师："请小朋友通过多角度分类的办法进行分类，分类完要进行记录。记录完的小朋友如果还有别的分类方法，请举手向老师要操作纸。"

3. 展示幼儿小组统计结果，并请幼儿介绍小组统计内容。

师："这些果实可以通过大小、长短、高矮、果实的类别等进行分类。"

【分析与解读】

幼儿在实际操作中进行学习，并进行观察和记录。

【环节三】延伸环节

活动延伸：我们今天学习了多角度分类，让我们一起到区域里整理整理吧。

七、反思与调整

在活动中，教师让幼儿进行分类，从而发现问题、解决问题，在亲身体验中培养了分类能力。由于果实种类较多，有的幼儿出现了分类困难。而且，小组内幼儿的合作能力比较薄弱，需要加强幼儿的小组合作能力。在幼儿探索发现时，教师不应进行过多干涉与打扰，要让幼儿成为课堂的主人，让幼儿在操作中进行学习，在游戏中学习。

活动三 社会领域：果园半日游

一、活动名称

果园半日游

二、活动对象

5~6岁幼儿

三、《指南》目标

【领域】社会领域

【维度】人际交往

【目标2】能与同伴友好相处。

【具体目标】5~6岁：与同伴发生冲突时能够协商解决。

四、活动目标

1. 培养幼儿互相谦让的良好品质，使幼儿懂得互相谦让的重要性。

2. 初步培养幼儿有礼貌的行为。

3. 愿意大胆尝试，并与同伴分享。

五、活动准备

《果园半日游》PPT、音频、苹果树道具、苹果卡片。

六、活动过程

【环节一】谈话情境导入，引起幼儿的兴趣。

师："咦，苹果园的果农爷爷给我们写了一封信，让我们一起看看给我们写了什么吧！"（展开信）

幼："好。"

师："果园里的苹果丰收了，邀请小朋友参加摘果子大赛。想去参加吗？让我们一起坐上公交车去果园吧！"

师："滴滴——通往苹果园的大巴车来了，一起出发吧。"

幼儿上车情景：拥挤争抢上车。

【分析与解读】

教师设置情境，让幼儿有更加切实的感受，通过帮助果农爷爷解决问题，培养幼儿乐于助人的习惯。

【环节二】创设情境，学会让座。

师："瞧，苹果园到了。可是刚刚上车时，老师发现了一些不礼貌的现象。我们一起来看一看吧！"（播放幼儿上车拥挤视频）

师："视频看完了，你们发现了哪些不礼貌的行为？"

幼："不谦让，争抢座位。"

师："是的，这些行为都是不礼貌的。我们应该怎么做？在什么情况下我们需要让座呢？"

幼："老爷爷、老奶奶、肚子里有小宝宝的阿姨，还有生病的人。"

师："让座是一种美德，也是一种文明。让座虽然是一种小事，但也会让人感到非常温暖。这既帮助了别人，也会让我们感到很快乐。"

【分析与解读】

教师让幼儿亲身感知，引起幼儿反思。

【环节三】创设游戏：摘果子比赛，学习谦让。

师："果农爷爷等我们等得着急了。果农爷爷你好啊，我们来了。"

幼："果农爷爷好。"

播放果农爷爷音频："欢迎小朋友们！看，我的苹果园丰收了，结了好多的苹果，欢迎小朋友来采摘！"

1. 摘果子比赛。

师："哇，这么多红红的苹果。我们来一场摘果子大赛吧！看看谁摘得最多。来喽来喽，我们开始摘红红的大苹果喽！"

此时，幼儿争抢上前采摘果子，同时教师录下幼儿争抢采摘的视频。

2. 播放场景视频，引起幼儿讨论争抢行为。

师："摘到果子的小朋友请回到位置坐好。老师把小朋友们开心的样子记录下来，让我们一起来看一看吧。"（教师播放幼儿争抢采摘的视频）

师："小朋友，你们在视频中发现了哪些行为？"

幼："争抢，没有秩序。"

师："我们应该怎么做呢？"

幼："有秩序。"

师："如果我们争抢会发生什么事情？"

幼："摔倒、踩伤、拥挤、踩踏。"

师："是的，这些行为不仅不礼貌，还可能给我们带来危险。"（教师播放PPT出示踩踏、踩伤照片）

师："我们面对这种情况应该怎么做呢？"

幼："保护好自己，不能拥挤，要排队。"

3. 教师让幼儿进行谦让分享。

师："咦，老师发现有的小朋友没有摘到苹果。"

幼："我们应该分享。"

幼儿主动把苹果分享给没有摘到果子的幼儿。

师："我们班的小朋友真是友爱的小朋友，一起分享后每个小朋友都有了苹果。"

4. 联系巩固，提高幼儿的秩序意识。

师："我们把摘下的苹果放到篮子里，统计一下数量。我们应该怎么做呢？"

幼："我们可以分组进行。"

幼："我们可以有秩序地排好队。"

师："真是不错的主意。我们可以通过有秩序地分组进行投放。"

师："我们怎样进行分组呢？"

幼："男生一组，女生一组。"

师："小朋友们真有想法。那就请男孩子把苹果送到蓝色的筐里，女孩子送到粉色的筐子里。"

幼儿有秩序地排好队，分组投放苹果。

师："刚才老师看到大家非常有秩序地把果子放到了篮子里。"

5. 教师出示果农爷爷图片。

师："果农爷爷好像遇到了点问题。"

【分析与解读】

　　人群拥挤时，要做好保护自己的准备。要注意自己的脚下，不能被绊倒。当发现自己前面有人突然摔倒了，马上停下脚步，同时大声呼救，告知后面的人不要向前靠近。我们也要学会保护自己，如保护自己的头。

【环节四】帮助他人解决问题。

　　教师播放果农爷爷音频："在刚才的摘果子大赛中，狐狸和小兔子摘得一样多，可是奖品只有一个带笑脸的苹果。这要怎么办呀？到底该分给谁呢？"

师："小朋友，果农爷爷遇到什么问题了？"

幼："狐狸和小兔子摘得一样多，可是奖品只有一个。他不知道要把奖品分给谁。"

师："你们觉得应该分给谁呢？你们有什么好的解决办法吗？"

幼："分一半。"

师："可以，这是个好主意。谁还有不同的想法？"

幼："分享，谦让，交换。"

师："这个主意也不错，快把我们想到的好主意告诉他们吧。"

教师播放小狐狸音频："我最不喜欢小兔子了，是我先拿到这个奖品的。我就想自己吃，才不要和小兔子分一半呢。"

师："听了小狐狸的话，你们觉得小狐狸的行为是正确的吗？这可怎么办呀？"

幼："不正确。"

师："谁有好主意呢？"

幼："我们可以和小狐狸谈一谈。"

师："你想对小狐狸说什么？"

幼："小狐狸，不能太自私。我们要学会与别人分享。与别人分享也是一件非常快乐的事情。"

师："哦，小狐狸听到小朋友对它说的话了。小狐狸也有话对小朋友说。"

教师播放小狐狸音频："对不起，小白兔。我错了。我不应该这么自私。我们一起吃这个苹果吧。谢谢小朋友们！我以后一定会和其他的小动物分享，做一个懂得分享和谦让的小狐狸。"

师："如果你是小狐狸，你会怎么做呢？"

幼："我会和小白兔一人一半，学会与别人分享。这样它们都可以吃到甜甜的苹果了。"

【分析与解读】

教师通过对话的方式引发幼儿的思考，让幼儿在思考中进行体验。

【环节五】联系生活实际。

师："在生活中，哪些地方需要谦让，需要秩序呢？"

幼："排队上下楼梯，取餐，喝水。"

师："我们在日常生活中要谦让，尤其是在楼梯上，还有上车的时候。我们要做到有秩序地上车，有秩序地排队，不争不抢，做一个懂秩序、有礼貌的乖宝宝。"

师："请你和周围的小朋友讨论讨论，如果在生活中遇到了不谦让的人会怎么办。"

幼："我会告诉他们这是不正确的行为，不能这样做。"

师："小朋友们，在生活中我们要学会相互谦让、相互分享，也要学会宽容。我们也会和别人出现一些小矛盾和小问题，这些都是正常的，但是要学会用正确的方法来解决。"

> **【分析与解读】**
> 本环节与幼儿的生活相联系，是幼儿生活情景的延伸。

【环节六】进行巩固联系。

师："果园里的橘子丰收了。果农爷爷为小朋友们准备了很多橘子。现在请6个小朋友一组，到后面的桌子上品尝好吃的橘子吧。"

幼儿自主进行分组。每组6个或者7个小朋友，每组投放3个橘子。

师："橘子来喽！咦，我们有这么多小朋友，应该怎么分橘子呢？"

幼："我们可以相互分享。一人一半，这样每个人就都有橘子了。"

师："哇！真是一群爱分享的好孩子。老师为你们竖起大拇指。现在请大家品尝橘子吧。"

> **【分析与解读】**
> 本环节在真实的场景创设中开展活动。

【环节七】活动结束。

师："今天的果园之旅到这里就结束了。回幼儿园的大巴车要开动了，我们一起有秩序地回去吧，滴滴滴滴滴滴滴。"

七、反思与调整

在活动过程中，为了更好地引起幼儿的注意，教师让幼儿从情景操作和现场实录中进行反思。刚开始幼儿没有谦让的意识，纪律性较差，这需要教师留意幼儿的安全问题。教师需要创设更多的机会让幼儿进行实践，在实践中发展自己。

第五节　动感健康课程

小班周主题：绳子变变

活动一　社会领域：我和绳子做游戏

一、活动名称

我和绳子做游戏

二、活动对象

3~4岁幼儿

三、《指南》目标

【领域】社会领域

【维度】人际交往

【目标1】喜欢交往。

【具体目标】3~4岁：愿意和小朋友一起游戏。

四、活动目标

1. 认识生活中常见的绳子，并了解绳子在生活中的用途。

2. 能大胆尝试各种绳子的创意游戏。

3. 愿意与朋友合作，感受玩绳游戏带来的欢乐。

五、活动准备

幼儿收集的各种绳子若干。

六、活动过程

【环节一】观察各种各样的绳子，说说它们各自的特点与作用。

师："你们认识这些绳子吗？它们有什么样的特点？请用你的眼睛看一看，用小手摸一摸，感受一下。"

幼："绳子长长的、细细的。这根绳子是彩色的。"

师："这些绳子有什么本领呢？"

幼："它们可以用来绑东西，用来装饰，还可以玩。"

【分析与解读】

幼儿通过用眼睛看、用手摸去感知绳子长短、颜色、粗细、材质等特点。教师引导幼儿说出玩绳子的方法，导入活动主题。

【环节二】幼儿自由探索各种绳子游戏。

1. 单人游戏。

鼓励幼儿探索一个人玩绳子的游戏玩法。教师及时观察并引导有困难的幼儿。幼儿分享游戏玩法。

幼1："可以将绳子放在地上，比比谁跳得远。"

幼2："可以踩绳走。"

幼3："可以用绳子系漂亮的蝴蝶结。"

幼儿与好朋友交换自己的绳子，再次尝试不同绳子的有趣玩法。教师梳理绳子的单人玩法。

2. 合作游戏。

两个幼儿共同使用一根绳子，分组合作，体验不同的游戏方式。教师巡回观察指导，鼓励幼儿分享自己创造出的玩法。请每组幼儿与其他小组交换绳子，继续探索双人玩绳游戏。

【分析与解读】

幼儿自由探索绳子的各种玩法，激发探索欲望，增强创造力与合作能力。

143

【环节三】使用绳子，创造各种造型。

1.幼儿想想使用一根绳子可以摆出什么造型并动手尝试。

师："绳子有那么多玩法，它的本领可真大。你们想一想，用绳子还可以创造出什么样的造型呢？"

幼："可以变成一个大太阳。"

师："大家可以相互合作，将多根绳子组合起来，创造更多的造型。"

2.幼儿分享自己的创造成果。

【分析与解读】

在此环节，教师让幼儿尝试用绳子摆出各种造型，探索绳子的更多玩法，并鼓励幼儿与朋友相互合作，摆出造型，感受合作的快乐。

【环节四】活动延伸

师："我们周围还有哪些特殊的绳子呢？它们有什么样的本领？请小朋友们在日常生活中继续观察记录。"

【分析与解读】

教师引导幼儿在日常生活中继续观察绳子，发现更多绳子的奥秘。

七、反思与调整

幼儿能够积极主动地参与探索绳子的各个活动，培养了探索精神。在游戏过程中，教师充分调动幼儿自主性。但多数幼儿各玩各的，合作比较少。教师应多给幼儿提供自主探究的机会，引导幼儿进行合作，感受合作的乐趣。

活动二　科学领域：长和短

一、活动名称

长和短

二、活动对象

3~4岁幼儿

三、《指南》目标

【领域】科学领域

【维度】数学认知

【目标2】感知和理解数、量及数量关系。

【具体目标】3~4岁：能感知和区分物体的大小、多少、高矮等量方面的特点，并用相应的词表示。

四、活动目标

1. 愿意参与比较活动。

2. 试着以一头对齐的方法比较两个物体的长短。

3. 初步感知物体长短的相对性。

五、活动准备

课件，图片教具，短、稍长、长三种长度的绳子。

六、活动过程

【环节一】展示图片"耳朵长和短"，并指导幼儿以目测的方式比较长短。

师："小猫和兔子最近遇到了一个难题，它们都觉得自己的耳朵比对方的长，争论了好久也没有得出答案。老师想邀请小朋友们来帮忙判断，看看到底谁的耳朵长，谁的耳朵短。"

幼："小兔子的耳朵长，小猫的耳朵短。"

师："你们是怎么判断出来的？"

幼："放在一起比一比，一眼就看出来了。"

师："像这种一眼就能看出的长短差异，可以用直接目测的方法进行比较。"

【分析与解读】

教师展示图片，激发幼儿的好奇心，教幼儿用目测的方式比较长短。

【环节二】教师播放课件，指导幼儿尝试用一头对齐的方法比较物体的长短。

1. 让幼儿在图片上比较两支笔的长度。

师："小猫和兔子终于知道谁的耳朵长，谁的耳朵短了，但它们又遇到了新的难题。它们刚买了一些文具，很想知道谁长谁短。我们一起来帮帮它们吧。"

师："能直接看出这两支笔哪支长、哪支短吗？"

幼："看不出来。"

师："有其他办法比较吗？"

幼："可以放在一起比一比。"

师："当用目测的方法比较不出长短时，可以把两支笔的一头对齐来比较。请你用一头对齐的方式比一比两支笔的长短吧。"

2. 比较两把尺子的长短。

师："你们能够用目测的方式比较出这两把尺子哪把长、哪把短吗？"

幼："不能。"

师："有什么好办法比较呢？"

幼："可以将尺子的一头对齐比较。"

师："请你用一头对齐的方法帮助小猫和兔子比一比谁的尺子长、谁的尺子短吧。"

【分析与解读】

教师抛出问题，让幼儿动手操作，引导幼儿发现比较明显的长短差异可以用目测的方法。而在目测不出长短时，就可以使用一头对齐的方法进行比较。

【环节三】发放三种不同长度的绳子，比较绳子的长短并初步感知长短的相对性。

1. 幼儿第一次比较绳子长短。

师："老师这儿有许多条绳子，你们一人拿一条，然后再跟几个同伴比一比绳子的长短。注意，比较长短的时候要将绳子的一头对齐。"

师："你们的绳子一样长吗？谁的绳子长？谁的绳子短？"

幼1："不一样长。我的长。"

幼2："我的也长。"

2. 幼儿第二次比较绳子长短。

师："现在你们再与另一个好朋友比一比，你的绳子依旧长或者短吗？"

师："为什么长绳子变成短绳子了？为什么短绳子变成长绳子了？你发现了什么？"

幼："和短绳子比，我的绳子就是长绳子。和更长的绳子比，我的绳子就变成短绳子了。"

师："和不同的对象比较，得出的结果也不一样。和短绳子比，较长的绳子就是长绳子，但较长的绳子和更长的绳子相比，较长的绳子就成了短绳子了。"

【分析与解读】

幼儿通过将不同长度的绳子进行比较，感知长短的相对性。

七、反思与调整

本课主要通过三个游戏帮助幼儿认识长短，学着比较长短；能合理使用最长、比较长、最短等词语，并认识长或短的相对关系；学习将物品按照从长到短或由短到长的顺序排列。教师语言表达不够生动有趣，使少部分幼儿的注意力不集中。这是以后教学中不可忽视的问题。在第二环节中，教师需要让幼儿再多一点观察、多一些讨论，以有利于幼儿对长短的概念认知。

活动三　艺术领域：绳子拉画

一、活动名称

绳子拉画

二、活动对象

3~4岁幼儿

三、《指南》目标

【领域】艺术领域

【维度】表现与创造

【目标2】具有初步的艺术表现与创造能力。

【具体目标】3~4岁：能用简单的线条和色彩画出想画的人和事物。

四、活动目标

1. 感知多种色彩，丰富对色彩的认知。

2. 尝试用拖画的形式拉出线条，并能大胆地进行借形想象。

3. 愉快地参与活动，体验创作的乐趣。

五、活动准备

麻绳或毛线、颜料、画纸。

六、活动过程

【环节一】激发兴趣。

教师展示提前准备的画作，激发幼儿参与活动的兴趣。

师："看！今天我给小朋友们带来一幅漂亮的作品。你们能猜出这幅画是怎么创作出来的吗？"

幼："用彩笔画，用水粉画。"

师："来看看老师准备了哪些画画会用到的材料。这些材料和我们平时使用的有什么不同？"

【分析与解读】

教师通过展示画作与所需材料，引发幼儿的好奇心，激发幼儿参与兴趣。

【环节二】展示作画帮手——绳子。

师："老师找绳子来帮忙，画出了这些漂亮的画。绳子本领可真大，不仅可以用来捆绑物品，还可以用来作画呢！你们想知道绳子是怎么变成画笔的吗？我们一起来探讨一下吧！"

幼："给绳子涂上颜色。"

幼儿讨论并分享自己的好办法。

【分析与解读】

特殊的作画工具吸引了幼儿的兴趣。用绳子怎么画画呢？这让幼儿对接下来的活动充满期待。

【环节三】教师讲解示范。

教师出示作画需要的材料：画纸、颜料、棉签、绳子。

师："今天我们就用这些绳子创作美丽的作品。大家先来看一看老师是怎么做的。"

第一步：将画纸从中间对折，轻轻按压中间的折痕，然后打开以备后面使用。

第二步：给绳子涂上颜色，握住绳子的一端，将绳子放进颜料中并染上漂亮的颜色。如果颜料不小心弄在手上，可以及时用湿纸巾擦掉。

第三步：将染色之后的绳子放在画纸的一侧。再将绳子做出不同的形状，把另一侧覆盖在绳子上。

第四步：一只手按住画纸，一手拉住绳子，将绳子从画纸中拉出来。

师："我的作品完成了！我们一起来欣赏一下吧！接下来，自己动手，用绳子创作出一幅独一无二的作品吧。"

【分析与解读】

教师示范讲解，告诉幼儿拉线画的方法，介绍绘画重点和难点，引发幼儿思考。

【环节四】幼儿操作。

教师给幼儿发放绘画所需材料。幼儿开始操作时，教师进行指导。

【分析与解读】

幼儿动手操作，感受拉线画的乐趣。

七、反思与调整

用绳子代替画笔来作画，这种形式让幼儿感到非常新奇。在整个活动过程中，幼儿是活动的主体。教师充分考虑幼儿的兴趣，积极为幼儿创造动手操作的机会，让他们自由探索，大胆创作，了解绳子拉画这种特殊的作画方式，体验用绳子作画带来的乐趣。活动过程中，教师对活动节奏的把握需要加强。幼儿对新颖的绘画材料比较好奇，没有认真倾听教师的讲解便迫不及待地自己动手制作，蘸颜料时难度比较大。部分幼儿需要教师的帮助才能完成。教师要鼓励幼儿大胆想象与创造，增强幼儿的自信心，让幼儿在活动中养成良好的习惯。

中班周主题：绳子真有趣

活动一 健康领域：玩绳乐趣多

一、活动名称

玩绳乐趣多

二、活动对象

4~5岁幼儿

三、《指南》目标

【领域】健康领域

【维度】身心状况

【目标2】具有健康的体态。

【具体目标】4~5岁：具有健康的体态，让幼儿在玩耍中发展各种动作。

四、活动目标

1. 用绳子带领幼儿进行多种游戏锻炼。

2. 锻炼幼儿的平衡能力和协调能力。

3. 幼儿在游戏中体验玩绳子的乐趣。

五、活动准备

长绳、视频、背景音乐。

六、活动过程

【环节一】热身运动。

教师带领幼儿在音乐声中进行头部、上下肢等动作练习。幼儿在活动中锻炼四肢的肌肉、关节，为后面的游戏活动做准备。

师："我们跟着音乐一起活动活动吧。"

【环节二】玩绳乐趣多。

1. 玩游戏：走钢丝。教师带领幼儿从绳子两端向绳子中间练习平衡走，并站在绳子上做各种平衡动作。

师："小朋友们好，看老师手里拿的是什么呀？"

幼："绳子！"

师："是的，老师手里拿的是一条长长的绳子。今天我们用这条长长的绳子一起和小朋友们玩游戏。现在先请小朋友们观看一个有趣的视频。"（播放走钢丝的视频）

师："小朋友们，视频里的叔叔是不是很厉害？今天我们就用绳子代替钢丝。一起来试一试吧！"

2. 玩游戏：踩"浪花"。教师分别拿住绳子两端，不停摆动绳子并向前跑动，请幼儿自由追逐踩"浪花"。

师："小朋友们，现在我们一起玩'踩浪花'游戏吧。"

3. 玩游戏：骑小马。教师带领幼儿把绳子跨在胯下，练习双脚并拢向前跳。

师："哇，小朋友们太厉害了。现在老师要加大难度。小朋友们有没有信心？现在请把绳子放在你的两腿之间，双脚并拢，用力往上跳。"

师："现在请小朋友们自由练习。"

4. 幼儿自主探索绳子的更多玩法。

师："没想到一条普通的绳子竟然可以这么好玩。现在老师请大家想一想还有没有其他的玩法。"

【**分析与解读**】

教师引导幼儿在绳子上掌握平衡的技巧。绳子的摆动可以激发幼儿兴趣。幼儿练习踩的动作不仅可以锻炼腿部力量，还增强了专注力。

【**环节三**】放松运动。

教师组织全体幼儿围成圆圈，坐在草地上做各种放松运动。活动结束。

七、反思与调整

游戏活动中，绳子变成锻炼幼儿走、跑、跳、平衡的道具，一物多用，让幼儿在玩耍中做各种动作。由于课堂时间不够，在创新玩绳子环节，有的意见没被采用。教师应多开展几次创新玩绳子的活动，让每个幼儿都参与其中。

活动二 语言领域：绳子像什么

一、活动名称

绳子像什么

二、活动对象

4~5岁幼儿

三、《指南》目标

【领域】语言领域

【维度】表达与交流

【目标2】能基本完整地讲述自己的所见所闻和经历的事情。

【具体目标】4~5岁：愿意表达自己的需要和想法，必要时能配以手势动作。

四、活动目标

1. 了解生活中各种像绳子的事物。

2. 理解诗歌，学习有感情地朗诵。

3. 体验扮演的乐趣。

五、活动准备

1. 儿歌：《绳子像什么》。

2. 各种粗细长短不一的绳子。

3. 请幼儿练习与儿歌有关的形体动作。

六、活动过程

【环节一】活动导入。

师："小朋友们，看一看这是什么？它像什么呢？"

【分析与解读】
绳子是幼儿都熟悉的物品，调动了幼儿参与集体活动的积极性。

【环节二】出示儿歌。

师："小朋友们，今天老师给你们带来了很有趣的儿歌，让我们一起听一听是什么吧？"

1. 播放录音：儿歌《绳子像什么》。

"绳子细长长，像小蛇儿在路中央；绳子粗短短，像面条儿Q又软；绳子围圈圈，像一列火车开进大花园。"

师："小朋友们，刚才儿歌里面说的是什么？请小朋友们想一想，儿歌里面的绳子像什么呢？请小朋友们再听一遍。"

师："现在请小朋友们一边听儿歌，一边跟着老师做动作。"

大家一起表演儿歌《绳子像什么》。

2. 教师边念边示范表演，幼儿进行模仿；教师念儿歌，幼儿进行表演；集体边念儿歌边表演。

师："小朋友们做得非常好。现在请小朋友们想一想，绳子还像什么？"

教师可适当给予提示：绳子摆动、抖动时像什么？绳子绕成圆圈、三角形、正方形时，又像什么？

师："现在我们一起来玩绳子吧！看哪个小朋友想得最多，想得跟别人不一样。"

3. 用绳子配合形体动作做出各种可能的联想物。

师："哇！刚才老师看到小朋友们做出了很多老师也没有想到的物体，现在让我们一起来说一说你表现的是什么。小朋友们真厉害，能想出这么多的玩法，说得也这么好。现在就让我们一起到外面做绳子游戏吧。"

【环节三】绳子游戏。

教师请幼儿假装自己是绳子，变成了联想物，如小汽车、小火箭。

师："绳子变身了！"

幼："变什么？"

师："变成会跳的小兔子。"

【分析与解读】

教师通过提示与引导，鼓励幼儿大胆联想，锻炼了幼儿的创造性思维。

七、反思与调整

大部分幼儿能够积极参与活动，有的幼儿不敢大胆表达自己的想法。教师应及时鼓励。

活动三　艺术领域：长长的，短短的

一、活动名称

长长的，短短的

二、活动对象

4~5岁幼儿

三、《指南》目标

【领域】艺术领域

【维度】表现与创造

【目标2】具有初步的艺术表现与创造能力。

【具体目标】4~5岁：能通过即兴哼唱、即兴表演或给熟悉的歌曲编词来表达自己的心情。

四、活动目标

1. 学习儿歌内容，说一说长的好处。
2. 幼儿仔细听儿歌，能根据儿歌内容创编动作。
3. 鼓励幼儿大胆表达自己的想法。

五、活动准备

歌曲《长长的，短短的》、PPT等。

六、活动过程

【环节一】悬念导入，引出话题。

师："今天，老师给每个小朋友都带来了一份小礼物。你们想知道它是什么吗？请小朋友每人过来拿一个玩具。"

幼儿排队拿玩具。

师："我们一起玩一玩、摇一摇、甩一甩、拍一拍，抓住尾巴绕一绕。看一看，它们的尾巴都一样吗？和旁边的小朋友比一比，它们什么地方不一样啊？"

幼1："有的长，有的短。"

幼2："还有不长不短的。"

【分析与解读】

教师通过发放小礼物激起幼儿的好奇心，让幼儿思考玩具有什么不一样，调动幼儿参与集体活动的积极性。

【环节二】观看PPT。

师："今天，老师给小朋友们带来了一些长长的东西。请小朋友们猜一猜它是什么。"

幼："绳子。"

幼："竹子。"

155

师："哇，原来是大象的鼻子。你们想不想来看一下其他的呢？"

幼："想。"

教师出示小兔子、长颈鹿、鸭子的图片。

【分析与解读】

教师出示图片，引导幼儿观察并猜测图片上的事物是什么，为活动的继续开展做铺垫。

【环节三】学习歌词内容。

教师引导幼儿学习歌曲。

师："这些长长的东西都藏在老师的书里面，我们一起来看看吧！谁能告诉我，这是书的哪一面？"

幼："封面。"

师："那这是哪一面呢？"

幼："封底。"

师："'长长的，短短的'就是这本书的名字。"

1. 教师边说儿歌边翻书。

师："你们知道应该怎样翻书吗？"

幼："一页一页地翻，轻轻地翻。"

2. 引导幼儿仔细观察2~3页画面，完整回答问题。

师："你看到谁了？"

幼："我看到了长颈鹿。"

师："它什么地方是长长的啊？"

幼："长颈鹿的脖子很长。"

师："所以戴什么样的围巾？"

幼："长围巾。"

3. 引导幼儿仔细观察4~5页画面，完整回答问题。

师："你看到什么了？"

幼："我看到了小兔子，还有小鸭子。"

师："小兔子的脖子怎么样？"

幼："细细的。"

师："所以戴什么样的围巾？"

幼："短短的。"

师："小鸭子呢？"

幼："脚长长的。"

师："穿什么？"

幼："靴子。"

【分析与解读】

教师帮助幼儿熟悉歌词内容，为下一步活动的开展做铺垫。

【环节四】完整欣赏儿歌内容。

师："请小朋友完整地听一遍《长长的，短短的》，可以跟着音乐一起唱一唱。"

幼儿跟随音乐唱歌。

【分析与解读】

幼儿进一步熟悉歌词内容，为下一步活动的开展做铺垫。

【环节五】师幼对歌。

师："小朋友们，现在我们玩一个对歌的小游戏。老师唱一句，小朋友们唱一句。"

师："长围巾，围巾长。"

幼："戴在长颈鹿脖子上。"

师："绕了一圈又一圈。"

幼："扭扭脖子真漂亮。"

师："短围巾，围巾短。"

幼："戴在小兔子脖子上。"

师："绕了一圈刚刚好。"

幼："蹦蹦跳跳真漂亮。"

师："长靴子，靴子长。"

幼："穿在鸵鸟的脚上。"

师："走起路来慢吞吞。"

幼："拍拍翅膀真漂亮。"

【分析与解读】

师幼对歌，使幼儿加深对歌词的印象，体验音乐的趣味性。

【环节六】活动延伸

教师请幼儿去音乐角表演游戏。

【分析与解读】

教师将活动延伸到活动区，继续加深幼儿对歌曲的理解。

七、反思与调整

本课来源于绳子主题融合，让幼儿感受到长短不一的绳子围在不同小动物身上的变化。本课虽然是艺术领域课程，但同时涵盖了社会、语言、科学等其他领域课程的知识。教师利用幼儿喜闻乐见的绳子及动物形象，调动幼儿感官探索的积极性，既吸引了幼儿的注意，也为活动增添了游戏性。由于时间原因，幼儿在课上没有充足的时间来表演，乐趣大大减少。教师应优化课件内容，课前反复确认，让幼儿在课上创编动作。教师应多鼓励与肯定幼儿在游戏中的积极表现，增强幼儿自信心。

大班周主题："绳"彩飞

活动一　健康领域：单脚玩绳

一、活动名称

单脚玩绳

二、活动对象

5~6岁幼儿

三、《指南》目标

【领域】健康领域

【维度】动作发展

【目标3】锻炼幼儿的跳跃能力，体验合作的快乐。

【具体目标】5~6岁：具有一定的平衡能力，动作协调灵敏。

四、活动目标

1. 尝试用身体动作表现跳跳糖。

2. 初步掌握单脚向前跳的动作要领，增加下肢的力量和耐力。

3. 能够积极主动地参加体育游戏活动，体验合作的乐趣。

4. 教育幼儿少吃糖，养成良好的饮食习惯。

五、活动准备

幼儿准备：小筐子若干、各类绳子等。

教师准备：PPT、《加油呀》《跳跳糖》音频、跳跳糖图片等。

六、活动过程

【环节一】热身运动。

师："小朋友们，又到了大家最喜欢的体育活动时间了。在进行活动之前呢，我们先来动动小手小脚，跟着山羊姐姐好听的歌声给身体充充电、加加油吧！"

幼："好呀好呀！"

【分析与解读】

本环节通过热身运动激发幼儿参与集体活动的兴趣。

【环节二】跳跳糖导入，吸引幼儿注意力。

师："刚才山羊姐姐说大家都做得非常认真，身体也已经充满了能量。山羊姐姐决定奖励你们一人一件神秘礼物。你们想知道是什么吗？"

幼："想！"

师："小朋友们看是什么啊？"

幼1："是一包糖果。"

幼2："是跳跳糖。"

幼3："没错，是跳跳糖。下面老师来给每位小朋友发一颗跳跳糖。请尝一尝，感受跳跳糖是怎样在嘴巴里面跳动的吧！"

【分析与解读】

本环节通过引导幼儿感受跳跳糖，为下面幼儿模仿跳跳糖在嘴巴里跳动的过程做铺垫。

【环节三】我是"跳跳糖"。

师："下面老师请小朋友们来模仿一下跳跳糖是怎样在嘴巴里跳的吧！"

幼："双脚跳。"

幼："单脚跳。"

师："我们一起来学学小斐的跳法吧！"

幼："真好玩！"

师："小朋友们跳得都非常认真，但有的小朋友跳起来还有一点点困难。我们一起来帮帮他们吧！小朋友们需要把一只脚稳稳地站在地面上，将另一条腿的膝盖弯曲，在跳的过程中可以用胳膊向前或者向后甩发力，落地的时候脚掌落地。"

师："现在小朋友们再来跳一下吧！"

幼1："我会跳了！"

幼2："真好玩！"

师："现在小朋友们都已经掌握了单脚跳的本领。我们一起来练习一下单脚跳绳。下面老师要和小朋友们来玩一个小游戏，把你们分成三组，代表红、蓝、绿三种颜色的跳跳糖，喊到什么颜色的跳跳糖的时候，那个颜色组的小朋友就跳。玩的时候要听老师的口令，注意安全。"

幼1："我们会跳啦。"

幼2："好玩好玩。"

师："小朋友们跳得可真开心啊！大家都已经掌握了单脚跳的本领。刚刚小朋友们在玩单脚跳游戏的过程中，山羊姐姐打电话来告诉老师，她看到小朋友们吃了糖果以后非常开心，她还有一些糖果，想要送给小朋友们，但是她需要小朋友们的帮助，帮助她给小动物们送糖果。你们愿不愿意帮助山羊姐姐呢？"

幼："愿意！"

师："小朋友们可真是有爱心的小朋友。但是呢，在给小动物们送跳跳糖的过程中会遇到很多障碍物。你们愿不愿意来闯关试试？"

幼："愿意！"

师："那现在我们一起去给小兔子送跳跳糖吃吧！在送跳跳糖的过程中，我们要注意游戏规则！三组九人，第一个小朋友拿好糖果后单脚向前跳，首先跳过直线绳子，再单脚跳过曲线绳子，然后单脚跳过一定高度的绳子，把糖果送到小动物的家里面后，跑回起点。接着，第二个小朋友给小动物们送糖果！小朋友们听明白游戏规则了吗？"

幼："听明白了！"

师："听老师的口令，游戏开始了！"

幼1："加油加油！"

幼2："我们是最棒的！"

师："小朋友们可真是运动小健将，都完成了任务，成功地把糖果送到了小动物的家里面！游戏时间到，下面老师请小朋友们一起把材料收起来！"

【分析与解读】

教师引导幼儿组成小组进行游戏，让幼儿体验与同伴一起玩游戏的乐趣。本环节的游戏活动，由易到难，使幼儿体验到合作的乐趣。

【环节四】教师总结，放松环节。

师："跳跳糖在小兔子的嘴巴里跳来跳去，不一会儿就化了。我们一起来学学跳跳糖融化的样子吧。"

【环节五】活动延伸

吃了糖果以后，小朋友们去教室里喝水漱口吧，然后可以去美工区画一画和跳跳糖玩游戏的过程！

七、反思与调整

教师选择跳跳糖作为媒介来组织幼儿的体育活动，不仅使活动充满了趣味和快乐，充分调动了幼儿参与活动的积极性，而且锻炼了幼儿身体的灵活性，增强了下肢的力量和耐力，让幼儿在"玩中学，学中玩"，寓教于乐。由于本课环节较多，探索单脚跳的时间较长，幼儿兴趣不高。在游戏过程中，个别幼儿不遵守游戏规则，应加强幼儿间的团结协作。教师要加强活动的趣味性。在游戏过程中，注重培养幼儿的自信心，及时对幼儿进行鼓励，培养幼儿的规则意识。

活动二 语言领域：老婆婆和粗粗细细的绳线

一、活动名称

老婆婆和粗粗细细的绳线

二、活动对象

5~6岁幼儿

三、《指南》目标

【领域】语言领域

【维度】阅读与书写准备

【目标2】具有初步的阅读理解能力。

【具体目标】5~6岁：能根据故事的部分情节或图书画面的线索猜想故事情节的发展。

四、活动目标

1. 理解故事内容，认识粗细。

2. 根据故事情节进行故事表演。

五、活动准备

PPT、粗细不同的绳线。

六、活动过程

【环节一】游戏导入，激发幼儿兴趣。

小游戏：下雨了。（幼儿根据教师说的大雨、小雨进行拍手）

【分析与解读】

本环节通过游戏导入，激发幼儿兴趣。

【环节二】初步理解故事情节。

1. 教师讲述故事，幼儿初步理解故事内容。

教师根据PPT讲述故事内容并进行简单提问，引导幼儿理解故事中所说的"粗粗的""细细的"，理解故事基本内容。

师："小朋友们，谁来说说故事中发生了什么？"

幼："老婆婆和小兔子的故事。"

2. 幼儿口述内容，引导幼儿理解反义词，让幼儿寻找更多的反义词并分享。

师："你们知道'粗粗的''细细的'是什么词吗？"

幼："相反的词。"

师："这种词叫反义词。"

师："你们还知道有哪些反义词？"

幼儿分享交流。

3. 多种形式，幼儿深入理解故事内容。

教师播放故事视频，加深幼儿对故事内容的理解，引导幼儿分享自己喜欢的角色，并鼓励幼儿大胆表演相应故事片段。

师："你们最喜欢故事中哪个角色？"

幼："老婆婆、小兔子。"

师："请小朋友们来表演一下吧！"

幼儿表演后，分组讨论交流，大胆发表见解。教师巡回指导。

【分析与解读】

教师通过故事激发幼儿兴趣，引导幼儿认识生活中的反义词。

【环节三】动手操作。

1. 点击大屏幕，帮"老婆婆"安装水管，按照水管粗细进行排序。

师："谁来帮助老婆婆安装水管？"

幼儿举手。

2. 比较绳子粗细，根据绳子粗细进行排序。

用不同大小、粗细的绳子进行比较。

【分析与解读】

通过动手操作排序，幼儿更加形象地理解粗细。

【环节四】活动延伸。

小朋友回家后跟爸爸妈妈一起寻找更多的反义词。

【分析与解读】

教师通过故事激发幼儿兴趣。

七、反思与调整

幼儿要懂得做一个有爱心、愿意帮助别人的人，还要知道如何保护小动物，做一个善良的人。教师在日常生活中要注重培养幼儿的合作探究意识，在课程研究的过程要增加更多新方法，不断创新。

活动三 社会领域：作用各一的绳子

一、活动名称

作用各一的绳子

二、活动对象

5~6岁幼儿

三、《指南》目标

【领域】社会领域

【维度】社会适应

【目标1】喜欢并适应群体生活。

【具体目标】5~6岁：在群体活动中积极快乐。

四、活动目标

1. 认识各种各样的绳子，了解绳子在实际生活中的不同作用。

2. 通过小组探索，了解绳子的不同特性和用途。

3. 喜欢和同伴交流、分享，体验游戏带来的乐趣。

五、活动准备

各类绳子、PPT、有关绳子的起源和历史的视频。

六、活动过程

【环节一】谜语导入，激发幼儿兴趣。

师："小朋友们，上午好！今天老师给大家带来了一个有趣的谜语。请你来猜一猜谜底是什么吧！绑人绑得紧，剪刀剪得断，粗粗细细有，长长短短有。"

幼："绳子！"

师："小朋友们可太棒了。这个谜语的谜底就是绳子。今天让我们一起来探索一下绳子的各种用途吧！"

【分析与解读】

本环节通过谜语导入，激发幼儿探索绳子各种用途的兴趣和好奇心，调动了幼儿参与集体活动的积极性。

【环节二】教师播放视频，帮助幼儿认识绳子的起源和历史。

师："小朋友们，在探索绳子的各种用途之前，我们一起来看一看绳子是从哪里来的吧！"（教师播放视频，小组之间探讨绳子的起源和历史）

幼1："绳子是在很多很多年前出现的。"

幼2："以前的绳子是人们编织出来的。"

【分析与解读】

教师通过播放视频、幼儿小组合作交流等，总结出绳子的起源和历史，激发幼儿参与小组活动的积极性并提高其语言表达能力。

【环节三】分组讲一讲，认识各种绳子。

师："小朋友们，老师这里有各种各样的绳子，请分组来说一说这些绳子都有什么特点。"

一组幼儿："这是毛线绳，它很软。"

二组幼儿："这是小朋友的跳绳。"

三组幼儿："这是麻绳，我们之前做手工的时候用过。"

四组幼儿："这是拔河用的绳子，很长很硬，不容易断。"

【分析与解读】

教师让幼儿探索绳子的特点，可以从质地、长短、材质、粗细等方面考虑，使其理解绳子的特点与它们的用途有关。

【环节四】认识"挂、系、扎、串"，探索用途。

师："小朋友们，请来看一看，这些绳子都有什么用途？"

幼1："挂——可以把东西挂在绳子上，挂在高的地方做成秋千。"

幼2："系——系鞋带。"

幼3："扎——扎蝴蝶结，把盒子、箱子扎起来。"

幼4："串——串珠子、串圈圈。"

【分析与解读】

幼儿借助图片理解绳子的用途，通过说一说、看一看，加深对绳子用途的理解。

【环节五】活动延续

师："请小朋友们回家找一找，家里还有哪些绳子，它们的用途又是什么。"

【分析与解读】

亲子活动可以进一步巩固幼儿对绳子各种用途的认知。

七、反思与调整

本课让幼儿认识了各种各样的绳子，了解了绳子的基本功能，更加深刻地认识到绳子在日常生活中的重要性，也树立了其节约资源、物尽其用的环保意识。教师要在日常生活中培养幼儿的合作探究意识，在课程研究的过程中增加更多的新方法。